夢が叶う 金運お作法

開運研究家　立石裕美 著

WAVE出版

芽の巻

毎日が楽しくなる金運貯金【すぐにできる習慣の作法】

葉の巻

運気のフォローアップ【心を健やかにする作法】

実の巻

自然パワーで運気アップ【人生を輝かせる作法】

イラスト　石坂しづか
編集協力　おおいしれいこ
装幀　豊原二三夫（As制作室）
ＤＴＰ　ノア

さあ、あなたのお財布の匂いを かがせてください

金運のご相談者にこういうと、たいてい２つの反応があります。
愛おしいペットみたいに、にこにこ顔でお財布を出す人。
秘めたる下着みたいに、もじもじ顔でお財布を出す人。

あなたは、どうですか。にこにこ？　もじもじ？
どちらの人にとっても、すぐに試せるこの本の作法から
直感でやりたくなったことをいくつか、はじめてみてください。
きっと想像だにしていない、素敵な変化がおこるはずです。
では、ぞんぶんに楽しんでくださいね。

はじめに　―星の巡りあわせ―

お財布を匂うのは、わたし独自の金運カウンセリングです。
お金が喜んで集まっているようなお財布からは、
たとえば柑橘の香りのような、なんとも豊潤な香りがします。
逆にお金が嫌がるようなお財布からは、
たとえば川底の香りのような、なんとも泥臭い香りがします。
ただし、こうした香りはわたしのリーディング能力を使って
お財布の持ち主と同期し、分析していくやり方なので、
とても個人的なカウンセリングとして、別にお話しするとして。

それでは最初に、みんなに役立つ「お金の作法」の成り立ちついて。

人は生まれて死ぬまで、お金と関わらずに暮らす人はいません。
「暮らしとお金」は切り離せないもの。誰にとっても大事な存在が、お金。

それなのに、毎日の生活で「お金とのつきあい方」なんて話しを、
わたしたちがこまやかに教わる機会は、そうないのものです。
誰も教えてくれない、暮らしが心地よくなる「お金の作法」を知れば、
無理なく運気が上がって、自分らしくキラキラと人生が輝きはじめる――。

そんなテーマで本書をまとめようとなったわけですが、
これまでのわたしの人生をふと振り返ってみると
この「伝え役」になったことが、心にすとんと落ちてきました。
わたしの父は公務員、母親もごく普通の勤め人。ごく普通の家庭に生まれ、
贅沢はしないけれど困らない庶民の幸せの中で育ちました。
とうぜん金銭感覚も一般的なもの。ＯＬ時代は毎月のお給料をやりくりして、
おしゃれをして友人と遊び、ごくごくフツーに過ごしてきました。

お金の価値観が一転したのは、20代の結婚でした。
結婚相手の実家がたいそうなお金持ち族で、いわゆる名家という筋でした。

そこでわたしは婚家にふさわしい行動をとっていくようになりました。
まず気づかったのは、夫の両親の常識から外れないように暮らすこと。
具体的には両親の思考や行動をまねること。月日を重ねるうちに
わたしはお金持ちの考え方やふるまいを自然と身につけていました。
ですが数年後に離婚――。お金持ち族との決別に1ミリの未練はないものの、
外に出て見えてきた、お金へのある気づきが芽生えたのです。

それは金融や投資という意味のお金ではない、「お金の動き」です。
かつての婚家や、そのまわりのお金持ち族の人たちにも
「お金が引き寄せられてきている」としか思えないところがありました。
仕事をしている人も、その労働の対価以上にお金が快くまわっていて、
「お金のほうが人を選び、喜んで集まってきている」ような――。
そんなふうにお金というものの動き、その性質（意志？）を感じたのです。

さらにそのことを、わたしがより強く意識するようになったのが、
いまの「天職」に出会ってからのことです。
わたしは現在、ロミロミのサロンを営んでいます。
ハワイの伝統のヒーリング術と手技をもって心とからだを癒す仕事です。
そしてもう一つ、天職としているのがリーディングによるカウンセリング。
離婚後に、ロミロミ修業でハワイに滞在していたとき、
わたしの身におこったふしぎが、リーディング能力の開花でした。

星の巡りあわせのままに——ご縁からご縁へ。
幸せな人生を歩むお手伝をする。そんなスタンスがわたしのカウンセリングです。
紹介者の口コミではじまり、現在は拠点の名古屋だけでなく、
東京、バンコクと、国内外へカウンセリングに招かれるようになりました。
思惑も欲もなく。なにかに運ばれるように広がったお仕事ですから、
いまは「あなたの役目」と授けられた「天職」なのだろうと思っています。

わたしのサロンのお客さまは、キラキラと輝く女性たちが多いのです。

夢に向かってキャリアアップしている人、好きなことを楽しんでいる人、素敵なパートナーや友人に恵まれている人……。


そんな「幸せ感度」豊かな人たちはめいめい、お金もうまくまわっています。

いろいろうまくいっていることについて、やっていることを聞いてみると、自分がかつての結婚で体験していた「お金持ちのふるまい」と同じことがたくさんあって、やっぱり！と思いました。

そうなのです。運がよい人、お金が集まる人には、「たまたま」ではなく、運が良くなるような思考、習慣やふるまいが（無意識にしても）あって、その共通した大きなキーワードが次の2つです。

◎「お金に好かれる人」に共通する考え方、暮らしの習慣
◎「運を引き寄せる」日本の歳時、神仏、風水、自然界のパワー

ひとくちに金運アップといっても風水だけでも、ごまんとあるわけです。

ある面で現実主義者で、ちょっとした知りたがり屋のわたしは、
お金持ちや運が良い人たちがやっている習慣や、縁起かつぎの由来などを
見聞きして勉強して、その理由をひもとき、自分なりの考えで実践もしてきました。
たとえば、金運の良い人のお財布って？　お金に嫌われる人のパターンは？
どうして成功者は忙しくても神社へお参りするの？　だとか……一つ一つ丁寧に。
精査に10年近く、「開運研究」がライフワークになっていました。

そうして見い出した、効果バツグンの作法を
楽しみながらあれこれ実践してくださったお客さまから
「お金のイライラがなくなった」「もっと早く教えてほしかった」といった
うれしい声があり、中には年収１０００万をひらりと実現したミラクルな女性も！

それに驚きは、わたし自身の人生の変化です。
離婚後のいっときはパート勤めの時給暮らしでお金に四苦八苦する経験もして、
お金に心を縛られる不自由さから変われたのは、お金との向きあい方のおかげでした。

(わたしの経験ストーリーは、コラムやあとがきをお読みいただくとして)
仕事も、恋愛も結婚も――。お金とのつきあい方次第で
あらゆる面で人生がミラクルに変わっていくと、実感としてお伝えできます。

そんなわたしが選び抜いた「金運を上げる」作法の数々は、
大切な友だちへ、「これはいいよ」と教えたいものだけ。
幸運の種を、そっと手渡すような心持ちで一冊にまとめました。

本書を手に取ってくださったあなたとも、きっと星の巡りあわせ。
「金運の作法」との出会いから、あなたが毎日心地よく
豊かな物語を育まれることを心から願ってお迎えします。

澄みきった新月の夜に

立石裕美

この本の考え方

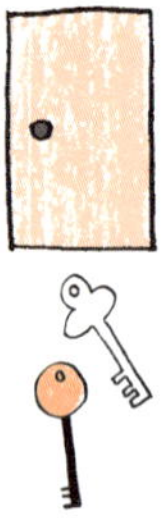

そもそも「お金」とは

お金は人を成長させるための大切な「道具」の一つです。お金によって学べることはたくさんあります。それはお金があってもなくてもどちらでも。神さまはお金を通じて、人との調和と愛を学ばせようとしていると思うのです。

それは、お金の成り立ちを知ればよくわかります。

物の本によれば、そもそも10～15世紀に、物々交換では効率が悪いことから生み出された発明品であり、物と交換する「信用」を形にしたものが「お金」という道具です。古く中国では稀少な貝がお金に使われていた時代もありました。時代により国によって、お金の形は変わってきましたが、「信用」の道具という、その意味あいや使い方は、ちっとも変わってません。ですから、人と人の調和や愛情なくして、お金を心地良く動かすことはできないのです。

お金も人と同じエネルギーを持っています

お金＝「信用」の道具です。

お金を動かしているのは、人の信じる気持ち、エネルギーの対価ともいえます。人の思いがエネルギーを持つように、お金もエネルギー、波動を持っているのです。


世の中は、いつもお金のエネルギー、波動が循環しています。

人の体をぐるぐる流れる血液のように、お金の「流れ」を、ちょっとイメージしてみてください。ほら、どうです？　なんとなく「目に見えない」お金の感じ方が少し変わってきませんか？

この世は見えるものばかりではありません。現実の向こうにある、見えない世界へそっと視線をずらしてみると、お金の本質や動きがつかみやすく、金運が上がる作法をすんなり実践しやすくなってきます。

お金の流れにのるコツは「旬パワー」を感じること

お金の流れをつかむには、自分自身がその金運の良い流れにのれば簡単です。もっとも身近できるのが、自然の流れ、旬のパワーを体感することです。

日本には美しい四季があり、季節の移ろいがあります。とはいえ、年中寒さも暑さもブロックして、快適生活に浸っているわたしたちには、季節が移ろう、そのエネルギーを感じづらくなっています。衣替えもせず年中同じ服で、年間通してリンゴがお店で手に入ったり。ふと気づくと秋から冬に季節が変わっていた、なんてことはありませんか？　それだけ自然の流れに疎いと、運気の流れ、ひいては金運の流れをキャッチするアンテナも鈍ってきます。

普段から季節感のある暮らしをして、みずみずしい旬のパワーフードを食べて。心やからだに自然のエネルギーがいつも補充できます。あなたの心身にある、運の流れをつかむアンテナがいつもピカピカに磨かれることになります。

「余力金」でちょっとした贅沢がある毎日を

よく誤解されていることですが、金運は財運とは違うものです。簡単にいうと、
・財運は「貯まる運気」⇩落ち着く、溜まっていく／資産
・金運は「流れる運気」⇩入ってくる↓出ていく／循環

金運が上がっているときは、お金の巡りが良い状態です。たくさんお金が入れば出るお金も増し、出るお金がたくさんだと、入るお金も多いというわけです。

それと押えておくのは、人生で関わるお金の2つのカテゴリーです。一つは、食費や家賃、税金や冠婚葬祭など「社会生活に必要な経費」のお金です。もう一つが、必要経費以外の、自分で使い方を選べる「余力金」です。

本書でご紹介する、88個の作法は、財テクで一攫千金して、大金持ちになる術ではありません。金運アップでお金の巡りを良くし、「余力金」に作用するコツです。運が開く暮らし方から、簡単に金運が巡ってきて、仕事や恋愛まで、あらゆる人生の幸運を引き寄せる術があります。

この本の使い方

他人と比べず、あなたが幸せを感じる「庭」をイメージしてください

本書には、だれもが実践できるお金にまつわる、いろんな作法があります。やり方がシンプルで、「すぐ」はじめられます。収入が多くても少なくても関係なく、作法のためにお金もかかりません。

暮らしを「庭」に見立ててみると、お金の作法は「幸運の種」です。

作法がはじめての人でもスムーズに種を蒔いて、育て、花や実を得やすいように、本書の構成では、次の4つのステップごとに紹介しています。

・種の巻…【マインドチェンジの作法】
・芽の巻…【すぐできる習慣の作法】
・葉の巻…【心を健やかにする作法】
・実の巻…【人生を輝かせる作法】

毎日一個ずつでも、気になる作法から。

直感で、ワクワクした気持ちがわいてくるものから、やってみてください。

88個の作法を、すべて実践しなくてもかまいません。

もうすでに実践していることもあるかもしれませんし、環境として育てづらい、続けづらいものもあるでしょう。

自分の暮らしの庭にあった種を蒔いて、どんな花や実になるか、ワクワク楽しみながら育ててみて。他の人を気にする必要のない、あなたらしい庭でいいのです。

あなたの心がときめく願いごとのゴールはなに？

作法の前に、あなたの願いごとについて、具体的なゴール（目標）を紙に書き出してみてください。その欲しい物、夢や願いが、自分のハートから湧き上がることであれば運の巡りによって、すいっと運ばれて実現しやすくなります。しかし親や他人の価値観にのせられたことを願っても、それはあなたの本心の願いではないので、運は引き寄せられません。

大事なことは、自分の本心から望むこと、欲する願いを見極めることです。そう心がけてみると願いや夢を持つことが、楽しくなってきます。たとえば、

・「年収を１００万円上げたい」といった金額の設定
・「自然に恵まれた地で、広い家に住みたい」といった環境の設定
・「恋人が欲しい」という心の設定

ゴール（目標）の設定は、自分の心の「ワクワク」に正直に。これが絶対ルールです。

まず1週間続けてみてください

本書の作法は、習慣として定着すると、金運が上がりやすい体質になるのも特徴です。小さな習慣を、コツコツ積み重ねると、小さな変化で気づくことが出てきます。もちろんうまくいかないとき、成果を感じないときだってあるでしょう。そんなときは、いつだってやり直していいのです。幸運の種は無くなったりしないものですから。

「これならやれそう」と思ったものを、まず1週間続けてみてください。もしひどい荒れ地だとしても、3週間も耕し続ければ、何かしら着実に変わってくるものです。なによりこの「やった」経験は、あなただけの成果になるのですから。

やって損もなく、誰も傷つけないことなら、やらない手はないと思いませんか？人生の運を左右しているのは「やるか、やらないか」。ただそれだけのことなのです。

種の巻

お金への向きあい方

マインドチェンジの作法

1 「お金さん」と仲良くなります

お金に好かれる人になりたい!!　でしたら基本中の基本として「おつきあい」の姿勢から見直してみることです。

まず呼び方から。わたしは普段から、**〝お金さん〟と呼びかけています。友だちづきあいでもそうですが、呼び方を変えるだけで、関係性はがらりと変わってきます。**

お金は「使う」というより、大切に「あつかう」ものと考えています。

お気に入りの服や椅子も、大事に長くつきあうと、友だちのような愛しさがわくように、お金も暮らしの大切な存在で、親しくつきあうことが自然に思えるのです。

そんな感覚でいると、「お金さん」という呼び方がしっくりなじんでくる。そういうと共感してくださる人も多くなりました（この本のなかでも、感情が入るところでは「お金さん」と綴っていますので、少しずつ慣れてください）。
額が多くても少なくても、自分の手もとに来てくれたお金に、「お金さん」と呼びかけていると、「来てくれてありがたい」と、愛おしく思えてきます。お金のあつかい方にも愛情が出てきて、ぽんっと投げたり乱雑にあつかったり出来ないはずです。するとと、**お金さんのほうでも、大切にしてくれる人のもとに長くいたくなってきます。**

金運を呼び込むスタートは、シンプルですが「お金さんと仲良くなること」。照れくさい人は心の中でそっと、「お金さん」と呼びかけてください。

2 「清貧」から「清富」へスイッチを切り変えます

「お金を、たくさん稼ぎたいですか？」

そう訊ねると、「もちろん、お金はたくさん欲しいに決まってます」とみなさん答えます。ですが「お金儲けが好き」「お金が大好きです」なんて、さらりといえる人はそういません。

そこには子どもの頃に刷り込まれた、日本人の「清貧」や「節約」のまちがった美化が潜在意識にあるようです。

少ないお金をどのように上手に使うかという、やりくりの工夫は感心されるのに、同じ工夫でも「投資で儲けて増やした」という話になると、「ふぅ〜ん投資。うまいことやりましたね」なんて感じに思われがちです。同じお金でも、「目に見えない」儲け方より、「汗をかいて稼ぐ」儲け方がまっとうで、がんばらないとお金が入らない。

そう思い込んでいる人は案外多いのです。

また、過去の記憶で、身近な人たちがお金で争っていたり、学校で貧乏を美化しすぎたお話を見聞きしていたり、お金持ちから受けた悪い印象や経験などがトラウマになっている人もいるかもしれません。

そうした負の潜在意識が、「お金持ちになることのブロック」になっている可能性は大です。**「お金を稼ぐこと＝卑しいこと」「お金を使うこと＝浪費」と、お金儲けに対して、ネガティブなイメージを子どもの頃から刷り込まれていると、表面的には「お金をたくさん稼ぎたい」と思っていても、行動にストップがかかってくる**。それは、ほんとうにもったいないことです。

生まれながらにお金持ちとして育った人たちは、「お金儲け」を否定しません。マイナスの潜在意識がないので、素直にお金が入ってきやすいのです。お金持ちの子どもがお金持ちになりやすいのには、ベースとしてのプラスの意識が働いているからです。

あなた自身はどうでしょう？

自問してみて、お金への苦手意識を感じたならば、「清貧」や「節約」のスイッチをオフにしましょう。古い記憶をいったん捨て、あたらしい価値観で見方を変えてみませんか。

お金に対してマイナスイメージを変える簡単な方法として、あなたが尊敬できる「お金持ち」や「お金を稼いでる人」のイメージを上書きすること。

尊敬できる「お金持ち」と知り合いになって、じかにパワーを受けるのが一番ですが、もし逢えなくても雑誌やテレビなどから情報として取り入れてもいいです。たとえば故ダイアナ妃や皇后美智子さま、黒柳徹子さんなど、お金持ちで人格もすばらしい憧れの有名人や、もっと身近な人でもかまいません。そうした素敵な人への尊敬や憧れから、お金持ちのいいところを見つけているうちに、マイナスのイメージは修正されてくるはずです。

あなたの人生観を「清貧」から「清富」へ視点を変えて。ルンルンと鼻歌まじりに
「お金さんがたくさん来てくれるって幸せ」といった感じを、楽しんでください。

3 お金さんは、自分を笑顔で動かす人が好きです

福之神さんが贔屓するのは、素直で、笑顔で行動できる人。
貧乏神さんが贔屓するのは、欲深く、見栄っぱりな人。

昔の人たちのいい伝えは真実、いまも変わらない不文律です。**お金さんは世の中をぐるぐるまわっていて、いろんな人間を見ています。人を介さないと移動できないものですから、手渡す人も受け取る人も、幸せそうな人を選びます。**

お金さんは、自分たちを分け隔てせず、気持ちよく動かして、楽しく役立ててくれる、「ごきげんさん」な人にコミットしてきます。
「ごきげんさん」な人は自然と笑顔でお金さんと関わり、それが福之神さんを引き寄せます。いつもニコニコと幸せそうな人に大事にされたお金さんは、仲間のお金さん

を連れてきてくれます。

たとえば1万円は、友だちの1万円を引き寄せてくれます。1万円だけでなく、千円でも百円でも、1円も。1円はお金さんの金種の中では一番小さな役割を持っていますが、1億円は1円玉が集結した結果にしかすぎません。

「不きげんさん」な人は、なにかとケチをつけて、貧乏神さんを引き寄せます。1円を見て、「これじゃ何も買えない」と思ってしまえば、「来ちゃ悪かったかな……」と1円は逃げたくなります。他のお金にもたちまち伝わり、千円も1万円も、早々に去ってしまいます（散財します）。

人生はあなたが思っているよりも10倍も100倍も、楽しさを感じる人のもとへ幸運が流れ、お金さんがやってきます。何も難しいことはなく、あなたは明るいことのある方へ歩いていくだけでいいのです。すると本来、お金さんは心から愉快なこと、明るいことを好むものと、あらためて気がつくはずです。

心がけとして、お金を手にしたら眉間を開いて、口角を上げて。ニヤニヤしているとおかしな印象になるので、菩薩さまのような、おだやかな微笑み顔でいると、運気も上がってくるはずです。

4 金運の巡りが良い人は、ポジティブに考える癖をつけています

運が良い人、ツイてる人に共通する特徴は、「気持ちの切り替えの早さ」です。気持ちは「気を持つ」と書きます。ことばの通り、どんな気（想い）を持っているかということだと思うのです。

たとえば不慮のアクシデントで、頼んだ荷物が到着予定日に届かなかったとします。金運の良い人は、届かなかったことに対して不満を持ちますが、それはひととき。すぐにその次の手を考えます。代案ができないときは、他のことに意識を切り替え、喜びのある、明るい方へと自分の気持ちを向けます。

金運の悪い人の場合は、届かなかったことに対し、ずっと腹を立てます。届かない原因だけでなく、それ以外のこと、「だいたいこの会社は……」と悪い考えが広がり、頭の中がマイナスの考えに縛られて、不毛の時間を過ごします。いくら怒りや憎らしく思う気持ちを持続させても、何の財産にもなりません。

人のエネルギーは、同じ波長を引き寄せます。負の気持ち（エネルギー）は同調した負のエネルギーを引き寄せ、おそろしいことにその人全体の運が下がり、金運も落ちてきます。

ネガティブな気持ちを即断ち切るには、「忘れる」技術を使ってみてください。一つのことがうまくいかなくても、「まっ、そんなこともあるよね」とさらりと流しましょう。忘れることで、心が自由になれる——そこから新しいひらめきが湧いて、発展的なこと＝お金へと結びつきやすいのです。

明るい気持ちは、どんどん自分のエネルギー状態を良くしてくれて、同種のプラスの運気を増幅します。**ポジティブ思考で、エネルギーの状態を良くしていくと、自動的に金運も上がっていくのです**。

いつだって楽しい気持ちの先に、お金を引き寄せるヒントが隠れています。

5 「お金がない」と思っている人ほど、お金さんを使うと良いのです

思いがけず10万円の臨時収入があったとしたらどうします？　全部ひとり占め？　それともだれかと分け合う？　こういうときお金さんをどうあつかうかで、その人の金運を見極めることができます。

ベストアンサーの例としては、「一部はしっかり貯金にまわし、一部はいつもお世話になっている人に還元、一部を寄付にして、残りは自分の好きに使う」です。

金額の振り分けは自由ですが、**人と分け合うという使い方をすることで、お金の良い流れが生まれ、自分の欲しい物を後で手に入れるチャンスが巡ってくるのです。**

なかなかお金が入って来ない人ほど、お金を使うことを意識するのは、お金さんが嫌う、「強欲」を手放すためにです。

努力して稼いだお金なら使いたくないと思うこともあるかもしれませんが、強欲にお金さんを縛っていると、お金は苦しくなって逃げてしまいます。

とくに効果が高いのは見ず知らずの人に少額でも使うこと。募金やお賽銭でも。自分の欲のためではなく、人のために使う考えを持っていると「独占欲」をするりと手放せて、お金さんはあなたのことを見直して、どんどん近寄ってくれるようになります。

どうしてもお金を人に使いたくない、経済的にキビしいという人は、ボランティアや誰かのお手伝い、地域活動など、人のために無償で動いてください。お金の代わりに、自分の時間と労力を使って、人の役に立つことはできます。

ないならないなりに、「自分の力」を差し出して。どのような形であっても、天の神さまは人の役に立つことをしたら、必ずギフトをくれます。それは利子をつけて返ってくるのでトントンではないはずです。

お金は、わたしたちが豊かに生きるための暮らしの道具。次に道具を使う人のために気持ちよく手渡して、つないでいく術を身につけましょう。

6 善いことをすれば「資産」になると考えます

運気を上げるためには、自分を幸せにすること。自分を幸せにするには、自分のまわりを幸せにすることです。

日々の中でできて、一番簡単な方法が、まわりの人の役に立つためにお金を使う、徳を積む「功徳」です。

功徳を積むことは、土地を耕して肥沃にするようなこと。良い土の畑には、実がどんどん増えていくように。功徳を積む人のところへは、良いお金がたっぷり集まる、豊かな循環ができてくるのです。

わたしが実践しているのは、お客さまからいただく料金の一部を、必ず毎月、神社へお布施して、神さまを通じて世のために役立つお金になるよう納めてきました。

お布施や寄付をすることは、けっして偽善ではなく、良いことをして手に入れたお金は、手もとに残りやすいからです。少しでも自分以外の人に使うことで、良い流れの「運気の循環」を途切れさせたくないのです。

人のために善いことをするときには、「さじ加減」に気をつけます。あまりに大げさすぎると、「してやった感」が匂って、相手から重たく思われてしまうことも。自分の心にも「あんなに、してやったのに」といった見返りを求める気持ちが出てしまっては、さみしく、功徳につながりません。

たとえば、わたしは神社にお布施をする月参りの帰り道には、老舗の和菓子屋さんに立ち寄るようにしています。そこで両親と友人に大好きな煎餅をお土産にして、一ヶ月分の感謝を託しています。

なんでもない贈り物をちょこちょこ。肩の力を抜いて、軽やかに。あなたのまわりの人が笑ってくれるような、小さな善いことから着手してみてください。

7 金運は持っているだけでは増えません

金運がある人は、ふだん金運のことばかり考えてはいません。なかなか金運が上がらない人は、「お金入ってこないかなー」と追い求め、ときには「なんか、金運下がってるのかも」と、ネガティブな心配をします。マイナスのエネルギーは強いので、金運アップを試していても、運気が上がっていくことができません。

心の持ち方として、金運が「上がる下がる」の一時的な考え方ではなく、お金持ちの人たちのように「自分には当り前に金運がある」と泰然としていることです。そうすれば、なんの苦もなく物事が上手く運ばれていくのです。

お金持ちでないのに「当たり前に」なんて思いづらいという人もいます。でしたら、こう呟いてみてください。

「わたしはお金に困る人生ではない」
お金に対して不安がわいたとき、これを3回続けて呟いてみてください。書いてもいいでしょう。

根拠のない将来のお金への不安には、ことばの開運習慣をやっていると、安心感がわき、行動する勇気がわいてくるのです。

なにしろ金運は「待ちの姿勢」ではなにもおこりません。自分から行動する先に、金運が上がっていくことが起こるのです。「できると」思うと、どんな不可能なことも可能になってくるのが、心のふしぎな作用。どんなにダメでも、なにもせず留まるより、1ミリでも進めば未来は変わってきます。

新しいことをやるときには、こうお願いしてみましょう。

「金運の神さま、お金を通してわたしも、まわりも幸せにしてください」
自分だけではなく、まわりの幸せも願う、ここがポイントです。ことばや祈りはとても強い力を持っています。上手に使って自分を元気にして運気を上げることは、一つの知恵です。

8
「なんとなく」を大切に、素直に行動します

直感として、ふと「なんとなく」がわいてくるときがあります。

良いほうでも悪いほうでも。理由もなくそう感じるときには、たいていなにかを受け取っています。その感覚はとてもとても大事なこと。それに従うことが、自分自身の行きたい方向に進む、とびきりの道です。

「なんとなく、この人と繋がったら楽しそう」「なんとなく、この仕事に挑戦してみたい」――そう感じたときは、即行動します。

「なんとなく、近寄っちゃいけない」――そんなマイナスを感じたら、それは危険回避の警告かもしれません。

とにかく直感で動くタイミングは「いま」「すぐ」です。
時間をおくと、感度もモチベーションも落ちてきます。

わたしたちの生き物としてアンテナが、自然とつながり宇宙とつながり、キャッチしている「なんとなく」のサイン。もし自分がこれまでにやったことがない、未知なることであっても、頭であれこれ考えずに、いったん受け止めてみましょう。

素直であることは、勇気であり、知らない世界に触れるチャンスを授けてくれるものです。

「なんとなく」のサインを大切にしていると、だれかのニーズではなく、自分のほんとうに望んでいたことが叶えられるようになります。

9 お金持ちになった未来の自分をイメージします

なりたい自分になるために――。

未来を先取りして、叶ったことのように行動すると、現状がその未来に追いつこうとします。

イメージして、ことばにする――。

これをすると、ほんとうに現実に近づきやすいです。**具体的に「～が欲しい」「こうなりたい」を、自分自身に刷り込んでいくと、人生はどんどん変わってきます**。

イメージするときのルールは、正直であること。収入も価値観も人それぞれですから、あなたの「お金がある」金額は、他の人と同じとは限りません。

まずは金額。持ちたいお金は、いくら？　たとえば1千万円あったら何に使う？　1千万円で心配が先にたつならば、百万円なら楽しく想像できそう？

使いみちをポジティブにイメージする金額が、あなたのワクワクする「たくさんのお金」で、それがあなたの最初の「お金持ちライン」です。

お金を使うストーリーを考えて、必要な金額をあきらかにする方法もあります。**「好きで欲しいもの」「楽しくやりたいこと」をリストアップして、それぞれ金額を算出してみるのです。**

たとえば、「週1度おいしいものを食べ歩く」ならば、毎月20万。「休暇ごとに海外を旅する」なら1年に300万……。

お金を持って実践することは、いくつあってもかまいません。

ただし、どれが一番重要か？　いつも優先順位を意識してください。

願いごとが実現してきたら、目標を変えてもいいのです。どうか視野を広くもって。

お金と仲良くして日々を豊かに過ごす、未来の自分を楽しみにしてください。

10 自己投資は惜しまず、「生き金」を使います

確率はどれほどだかわかりませんが、わたしのサロンで金運アップした人たちで、「好きなことにお金をかけ続けてるうちに、お金が入る仕事になっていた」成功例はごまんとあります。

たとえば、体を動かすことが好きでヨガ教室に通ってみたら、数年後にヨガの人気インストラクターになっていた。かわいい雑貨と旅好きな人が、世界中を旅しながら雑貨をコレクションしているうちに、雑貨スタイリストになっていた——。そんなふうに自分の「好き」を、お金さんに応援してもらうことほど、すばらしい関係ってないと思います。

「好きなことをやっても、お金をもらえるレベルになるのは特別な人でしょう」も一

理です。でも「楽しみの種」でもいいと思います。せっせと栄養（お金さん）を与えれば、なにがしかの力が育つことになるはずです。

なにしろ自分のレベルを上げることは、すべてにおいてプラスに働くのですから。自分が成長したことを意識すると、次第にお金に対する意識が変わってきて、人とのつきあい方も変わっていきます。

そして好奇心を持って行動している、この事実に、自分の「セルフイメージ」がぐんぐんと高まってきます。**お金には「分相応」という法則がありますから、自分の価値が上がれば、おのずと入ってくるお金も上がるのです。**

やりたいことにお金をかけることが「生き金」の使い方ですが、問題は、人によっての適正価格が違ったり、やりたいことがわからない場合です。

ヒントとして、その物を買うこと、あるいは体験することに、「心がルン♪とするか、どうか」で考えてみてください。

たとえば、ささやかな話ですが、わたしは外出するときはマイポットでお茶を持ち歩き、めったにペットボトルのお茶は買いません。もちろんお茶を買うお金はありますよ（笑）。でも、わたしは自分の好みのお茶を「今日はこれ」と、好きに選んで飲めるほうが、心がルン♪とするのです。

また一方で、すばらしく美しい着物に出会って、ルンルン～♪と、清水の舞台からダイビングするようなお買い物をしてしまうことだってあります。ですが、その着物を着ていたおかげで、目上の方に褒められたり、信用して頂けたりと、わたしにとっては「生き金」だったと思えるのです。

どんなときも喜びや、楽しみ、美しいと感じるものを軸にすることが、「生き金」の一番です。

お金さんの使い方に迷ったら、「心のルンルン」度ではかってみて。これをお金さんと交換してどれくらい「ルン」とする？　といったふうに。感じたり、考えるときは、おへその下の丹田に力を込めてみてください。

コラム① お金が集まる人たちの考え方、ふるまい方

わたしにはお金持ちの家の嫁であった時代がありました。その経験を振り返って感じるのは、お金が集まる人たちには共通の思考や行動パターンがあるということ。わたしの実体験から、お金に愛される人たちの考え方、ふるまい方がわかるエピソードを次にご紹介します。

お金持ちは「お金の話」をしません

富裕層の人たちは、お金があることを自慢したり、お金の話をしません。

お金持ちの家の嫁だった時代、おしゃれをしたわたしに義母は『かわいいお洋服ね。似合ってるわよ、素敵』と声をかけてくれることがありました。『その服どこで買ったの?高かったでしょう?』などといわれたことはありません。

ところがお金持ちのふるまいを知らなかったわたしは、『近くのお店で、とっても

安かったんですよ』と返答しました。お金をかけて着飾ったことを誇ったりせずに、「安い服で節約している控えめな嫁」のほうが、義母のウケが良いかなと思ったのです。

しかしこの「安いから買う」考え方は、お金持ちの人たちにはないもの。実際、その「安くおトクに買った」的な返答に、義母はきょとんとした感じて、『ああ、そうなのね……。いいの見つけたわね』と、それで会話はおしまいに。義母にしたら、どこが気に入って買ったのか、うれしさや楽しさを感じる会話になると思っていたのが、服の値段の話になったものだから、会話の続けようがなかったのだと思います。

きっと金額で一喜一憂するのではなく、気持ちの動いたところを会話の種にして、「お金の話にならない」ようにするのが、お金持ちの処世術なのでしょう。

なぜなら人間関係が悪くなるとお金さんとの関係も悪くなっていくものですから。

無用なお金話をしないことで、人間関係を悪くしない術を、お金の集まる人たちは身につけているのだと思います。

お金持ちは「人脈」をとても大切にします

お金持ちは人との交流が豊かです。

「人脈の豊かさ＝お金が集まってくる」というセオリーがなぜ成り立つのか。それはお金という道具は、人がつくり出したもので、人が動かしてお金が世の中をまわっているからです。

お金持ちの家で、とにかく驚いたのは、来客の多さです。わたしの実家では、来客があっても月に数えるほど。せいぜい親戚やたまに母親の友だちが来るくらいのこと。ですが嫁ぎ先のお金持ち家では、友人、知人、親戚、○○会や○○クラブの役員の人、デパートの外商、出入りの業者……などなど、毎日のように様々な人が出入りしていました。

それだけいろんな運気を持った人が家の中に出入りして、お金を運び、集まるので、気（エネルギー）の流れにいつも動きがあり、活気のある家（繁栄の家）になっていたのだと思います。

お金持ちのふるまいは、直接お金を引き寄せるような行動をしなくても、まわりから運ばれてくるイメージで、ストレスフリーでにこにこと、お金が喜んで集まってきているように思えました。

お金は自分自身で動いて行くわけではありません。人が扱ってはじめて次の場所に行けます。ということはたくさんの人と会えばそれだけお金が動きやすくなります。さらに良い情報、良い物があれば、そこに行きたくなります。人がお金を移動させたくなるのです。

たとえば花屋さんだとします。お金持ちの人脈が多ければ、紹介からつながっていく客もお金持ちです。お金がある顧客は、自分が気に入る美しい花を手に入れるのが一番になってくるので、費用でもめることがありません。すでに紹介者との信頼関係もあるので仕事もやりやすいのです。

こんなふうに他の職種にしても同様に、人間関係で金運キープが成り立つことがかなりあります。

あからさまに高価なものを身につけない。日常品こそ質重視です

一目でわかるようなブランド品で着飾ったり、高級車を買いあさるような、いかにも「お金がかかっている」と強調するような人は、代々の資産家の人たちには少ないようです。そうした昔からお金が集まり続けてきた家の人たちというのは、服装にしても地味なくらいシンプルで、でもよく見ると素材も仕立ても良く、オーダーメイドであったりします。同じような上着を着ていると思ったら、イギリス貴族のように、同じデザインの上着を何枚も誂え、毎日新しいものを着ているといったふうにです。

他人の目線を気にして、自分を着飾って見栄を張るといった発想は成金タイプのお金持ちにはあっても、いつも潤沢にお金が巡ってきている人たちにはありません。自分が気に入った物を大切に使うこと。特別感があればなお良いのです。

椅子やカーテン、カトラリーや食器など、毎日使う物こそ好みにこだわり、長く使える心地良さを優先して、高価でも上質の物を手に入れます。お気に入りの物に囲まれて暮らす幸せが、さらにプラスのエネルギーを引き寄せるのです。

オーダーメイドや「自分のための」の限定品が好きです

あるとき、お金持ち家の義母が、わたしが手づくりしたブローチに目を留め、『これ素敵だわ』といって褒めてくれたことがありました。そうして『わたしのお友達にもプレゼントしたいから、つくってもらえないかしら?』とお願いされたのです。

しかし、義母が親しくしている人たちといったら、それこそ著名な人たちばかり。わたしは手づくりが大好きなので、自分では好んで身につけますが、世界中の逸品を普段から使っているようなお金持ちが、こんな素人がつくったブローチを喜ぶかしら? と、うっすらと考えたものです。

それでも義母に認められたことがうれしくもあったので、ひとまずリクエストに応えました。そうして、その贈り物を義母の友人たちは『一つ一つ手づくりなんて、貴重ね』とたいそう喜んでくださったそう。

世界に一つだけ、自分だけの特別なもの。そういったものに、お金に変えられない価値を見い出してくれる人が、お金持ちには多いということです。

お金持ちは気さくで、聞き上手です

あるとき元首相夫人と旅行にご一緒するという機会がありました。

なにげないおしゃべりの中に、海外の社交界や有名メーカーのトップのお話がさりげなく入ってきたりして、わたしのような一般人の感覚からすると別世界のことばかりでした。

その旅で実感したのは、元首相夫人の気づかいのこまやかさ、気さくさです。不慣れなわたしの立場を察知して、気軽に話しかけてくださり、他の方たちとの輪に溶け込むようにさりげなくフォローして、わたしの印象が仲間の中で上がるように会話を向けてくださるのです。なにより、わたしのつたない話なども真摯に耳を傾けてくださる、その「聞く」ふるまいに心から感激しました。

現在サロンで、会社経営者の方々の相談を受けますが、おおよそお金さんに愛される人、お金さんが集まってくる人というのは「気さくで、気遣いがあり、年下の人の話しもきちんと聞く」という点が共通しています。

地位の高い人ほど、まわりを見下したりせず、むしろ違う立場の人から学ぼうとします。そんなふるまいが、人を引きつけるだけでなく、運も引きつけるに違いないと、今ならよくわかります。

ちなみに、お金持ちの人たちの話題に多いのは次のようなこと。

・健康法、自分がやっているスポーツ、美容法、ダイエット、おしゃれ
・旅行、内外の一流ホテルのサービス、心地よいレストラン、エステティック
・いま欲しい物、お気に入りの物、共通のお金持ちの動向……

たわいのないおしゃべりに、質の良い情報が混ざっているので、そこからアイデアが生まれたり、やりたいことを実現するチャンスが巡ってきたり、高額のビジネスにつながっていくことも少なくないのです。

芽の巻

毎日が楽しくなる金運貯金

すぐにできる習慣の作法

11 お金が出入りするときに、ご挨拶をします

お金さんとのおつきあいに、ご挨拶は欠かせません。

- お買い物をして、お財布からお金を出して手渡すとき、**「今までありがとう！」「また来てね！」と笑顔で見送ります**。
- 購入した物を手にしたとき、**「お金さんのおかげでうれしい気持ちになれました、ありがとう」と感謝を念じます**。

もちろん（心の中）で、ですよ。

- 銀行から引き出したお金さんにお財布へ入ってもらうときも、**「はじめまして」「どうぞゆっくりしていってね」と歓迎の念を送ります**。

忘れがちなのが、おつりのお金さんです。

自分が今まで一緒にいてくれたお金さんとは違いますから、新しいお金さんとして、出会いを歓迎します。自分のもとに来てくれたのだから、ご縁があるお金さんです。なんでもないけど、挨拶ってうれしいじゃないですか。

素直に喜ばれるのが、お金さんの幸せ。幸せなお金さんは、次々にお金さん仲間を誘って、「引き寄せの力」を発揮してくれます。

12 お財布に、お金さんが増えるしまい方をします

お財布は、お金さんの部屋です。

その部屋で居心地良く過ごしてもらえるように、ちょっとしたコツであつかい、整えると、お金さんが増えやすくなってきます。

とくに「お財布のしまい方」には、秘訣がいくつかあります。

まず、お札は収納位置が大切です。

お財布の中に1万円札、五千円札、千円札と雑多に混ざって入れてませんか？　もしそうなら、**すぐに同じ金種ごとに分けて入れてください。千円札と、1万円札の波動（エネルギー）は違うものですから、同じ波動の金種の仲間とともにいると、引き寄せあって離れにくくなります。お札が出にくくなるわけです**。

お財布へお金をしまうときは**「お札は下向き」**。これも重要ポイントです。

お札は、さかさまで入れておくと、お金さんが出づらく（＝浪費しづらい）、お財布に仲間が入っていると、同じ向きで入ってきやすくなる、そんな行いです。
急いでいるときは適当に入れてしまうこともあるので、**1日のうちに、何度か、お財布の中を整理します。全部向きを揃え、金種ごとに分け、きれいに入れ直します。こうした整える時間が、お金さんとの関係を深めていくのです。**

ちなみにカード類はさかさまにしません。あくまでお札のみ。というのは、お金さんは自分だけのものといった感覚で使うものではありませんが、カードは自分名義のもの。自分だけが使えるものですから、入りやすい工夫をする意味がないので上向きでかまいませんが、カードも指定席をつくると安定します。

お財布へのしまい方ポイント

- 1万円、五千円、千円は金種別に分けて入れます。
- お札は下向きで入れます。
- 1日に何度か、お財布の中をきれいに整えます。

13 お財布には、いつも「ゆとり金」を入れておきます

お財布にはいつも、多めにお金を入れておきます。
普段使いのお金さんとは別に、「ゆとり金」といったお金さんを、お財布の決まった場所に入れておきます。

なにか緊急のことがあっても「ゆとり金」を備えている状況。これに慣れてくるとゆったりした気持ちで毎日を過ごすことができます。それに**「お金がないガツガツ感」がなくなると、お金さんのほうから近づいてきてくれます**。

「ゆとり金」は、大金である必要はありません。若い学生さんなら1万円の人もいますし、10万円にしている人もいます。

わたしの場合は、お財布に入れている**「ゆとり金」は8万円です**（ちなみに7万円

は新札、1万円はお金持ちからまわってきたお金です）。

そして**朝外出するときに、お財布に用意するお金は3万9千円。（ダジャレめいてますが、サンキューからきています・笑）1万円札＝3、千円札＝9。この数が、わたしの経験則では一番減りにくいと思っています**。

金額の数は個人的に好ましい数字があると思います。あれこれ試してみて。これは、お札のみのセオリーで、小銭はいくら持っていてもOKです。

お財布に入れておく基本金額の例

◉わたしの場合

・普段使いのお金→3万9千円（サンキュー）
・ゆとり金→新札7枚＝7万円（ラッキーセブン）
・お金持ちからもらった「お守り金（P90）」→1万円札1枚＝1万円

合計11万9千円。これがお財布に入れている基本の金額です。

14 「ムダ使い募金」ルールをつくります

お財布に多めにお金を入れる「ゆとり金」をおすすめすると、「余分にお金を持っていると、つい使っちゃいそう」と心配される方がいます。

思いがけず、欲しい物が目についたり、誰かに誘われたりしたとき、お財布から「ゆとり金を使っちゃおう」も最初はありがちです。持ってるお金をどうあつかうかは、持ち主の自由。欲しい物を買ったり食事に使ってもいいのです。

ただし**使った後に後悔や反省してしまうと、安直に物ごとを決めた「浪費」です**。「やっぱり買ってよかった！」「おいしくって楽しかった！」と自分が幸せな心地になれたのならば、なんら問題ではありません。

少しでも後悔しそうなら、使う前に3分考えてください。考えた末に、それでも自分が欲したものなら、その後きっぱり負の感情は捨てること。「迷ったら3分」ルールで考えお金を使うと、「つい」といった弾みっぽいムダ使いは激減するはずです。

意識だけでは自信のない人、浪費しがちな人は**「ムダ使い募金箱」を家につくりましょう。浪費するたびに「罰金」ではなく「募金」をするのです。500円、千円など、1回にちょっと多めの設定がいいですね。このムダ使い募金が貯まったら、ほんとうに募金してください。**

一生懸命働いたお金が自分の失敗でどこかに行ってしまうと思うと悔しいので意識が変わってくるはずです。節約意識が芽ばえ、その上あなたのお金が募金されることで人の役立てられれば、これは一石二鳥です。

15 お財布に、種銭を入れておきます

「種銭」は文字通り、仲間（＝お金）を呼び増やす「種」になってくれる、大切なお金です。運気を上げたいお財布には、必ず入れておきます。

種銭は、紙幣でも貨幣でもかまいませんが、よく使われるのは5円玉。「ご縁がつながる」に通じ、昔から5円玉が好まれます。

種銭は神社で授かったものでも良いですし、自分でも用意できます。お気に入りの神社のお手水で、5円玉を洗い清めたものが、種銭として使えます。

種銭の注意点

◉お財布に入れたら、あまり人目に触れさせないこと。
◉間違えて、おつりなどに使ってしまわないこと。

※より効力の強い種銭を持ちたい人は、「種銭の授かり方」（p184）を参考にしてください。

16 お米や麦の「一粒お守り」を、お財布の身近におきます

一粒のお米、または一粒の麦を、和紙に包んで金運のラッキーアイテムにします。
これは種銭代わりになるもので、お財布の近くに置いてもOKです。

お米は、一粒の種籾から、数千粒も収穫できるという、抜きん出てパワーの強い植物です。古来から、豊かさを象徴する開運の種と伝えられています。日本では一粒のお米に、八百万の神が宿っているとされ、ある意味、食べ物を超えたものでもあります。

すでに5円玉の種銭をお財布に入れていても、追加で一粒をお財布に入れても構いません。もしくは手帳やカードケース、ポーチなどに、お米や麦の「一粒お守り」をしのばせ、いつも持ち歩いてください。

毎年、新米、新麦のシーズンになったら、新しい粒と交換することをお忘れなく。

17 お財布は名の通り、お金の入れ物として使います

そもそもお財布は「財を入れる布」、お金にまつわるものを入れる道具です。
道具は使われ方が、たたずまいにあらわれます。その目的通り正統に使われること
で、役目の形や気配が宿ってくるのです。
お金を入れるため、財産を入れる入れ物として、愛着を持って使われてきたお財布
には、しっかりとした「財の気」が宿ってきます。

お金以外の物を、何でもかんでも入れたりしていると、お財布は役割を見失ってしまい、「財の気」が薄まってくるのです。

浪費グセある人のお財布には、びっくりするようなものが入ってます。

お守りのキーフォルダーがじゃらじゃら、小銭入れには家の鍵、ＳＤカード、ガム。

ときには花の種まで！（なぜ？）お金以外のものがいっぱい混ざっていて、これじゃ

あ、お財布だってワケがわからなくなるはずです。

あなたのお財布には、どんなものが入ってますか？
もし余分な使い方をしていたら、この時点ですぐに改めてください、緊急に。

また仕事や家庭のお金をジップロックや封筒に入れて管理している人もいますが、それはそれ。愛着を持って財を貯めるお財布とは別もの。**心地良く、日々の暮らしに金運を招くためには、やはり自分が愛着を持てるお財布を持つことが、大前提です**。

お札も小銭も「裸銭」は絶対ＮＧです。
お金は人目につく、明るい場所が苦手ですから。もらったおつりをポケットに入れたまま、次の支払いでポケットからじゃらっとお金を出し入れしていると、お金は一刻も早く、他へ移りたくなってきます。**裸銭をしていると、逃げグセ（散財グセ）がついてきます**。

18 「金運が上がるお財布」を選びます

金運の上がるお財布選びは、第一に「気」を大事にします。「気に入る」「気があう」というように、要は自分の「気」とマッチするお財布。**自分の好み、フィーリングを大事にする、これが最も大切な選び方です**。

最悪なのは、金運・開運に良いといった宣伝に引っ張られ、たいして好きでもないデザインのお財布を選んでしまうケースです。自分が選んだ物に「愛着」を持てないと金運は下がってしまいます。「引き寄せの法則」で負のほうへ導かれます。

一般に金運アップのお財布の形は長財布。二つ折りの財布は、お札が折り曲げられるのでお金が窮屈で出て行きやすく、長財布はゆったりとして良いとされます。風水的に良いとされる色は、ベージュ、茶色、黒。ですがお気に入りの色を優先したほうが運気が上がります。ただし**「赤は紙幣が燃える」「青は紙幣が水に流れる」といわれているので、避けるのが無難です**。

高価なブランド品である必要はまったくありませんが、品質・センスの良い財布はブランド品に多く、良い物は大切に使うので、「愛着」がわいて長持ちします。

わたしが「お財布リーディング」で金運の良い人や悪い人のお財布を千個以上見て分析し、特徴をピックアップしてみました。お財布選びの参考にしてください。

いつも金運が良い女性のお財布

- ほとんどの人が長財布。すっきりとしたデザイン。
- ベージュ、ゴールド、シルバー、黒、ラメ系やツヤ系など光っている色。
- お財布の中にはきれいに揃えられた紙幣が並んでいます。
- レシート類がたくさん入っている財布は稀です。
- カード類も数枚だけが厳選されています
- 丁寧に使うのでとてもきれい！　粗雑に使っている人を見たことはありません。

19 お財布に、レシートを貯めるとマイナスの波動が貯まります

お財布の運気をネガティブにするのが、レシートや領収書などです。**レシートを貯め込むことはお財布を醜くしているだけで、ネガティブな気を呼び込んでしまいます**。

支払った後にやってきたレシート類は、マイナスの波動（エネルギー）を持っているもの。マイナスの波動が多くなると、お金さんにもその負の流れが同調して、外へ出たがり、出費が増えがちです。

お財布は、ときにその人の分身としても見られます。どんなにおしゃれな服を着ていても、レジ前で開けたお財布がレシートだらけの汚部屋のようだと、どうしたって素敵な印象にはなりません。

実際、浪費しがちな人のお財布にはレシートがたくさん。お札がレシートに混ざってしまって、お財布にお札が何枚あるか把握しづらくなると、お金の管理が鈍って、おのずと金銭感覚はゆるみがちです。

使ってしまったお金の証しよりも、これからお財布に来てくれるお金さんのことを考えて、「レシート一掃作戦」を実施してください。

レシート一掃のポイント

- **お財布を開けて、レシート類をすべて取り出します。**
- **仕事の精算や家計簿などで必要なレシートは、ファイルや小袋など別にして保管。それ以外の必要ないものは捨てます。**
- **「レシートはその日中に適切に管理、廃棄」を鉄則にすると、お財布がレシート太りすることもありません。**

レシートのないお財布を開けたときの軽やかなこと！　この解放感をぜひ味わって。

20 お財布を、おデブさんにしてはいけません

金運が良い人のお財布は、すっきりとした形がキープされています。

お金さんは窮屈なところが、大キライです。パツパツに膨らんだお財布には、新しくお金さんが入ろうとしても入れません。

いまお財布にあるお金だって、レシートと一緒くたに詰め込まれていると、苦しくなって出たがり（散財）ます。

お財布が膨らむ原因で一番多いのは、カード類の入れ過ぎです。ポイントカードにクレジットカード、診療カードなど……。カードはカードを引き寄せてしまうので、油断しているとお財布はカードケース化することに。

できればお財布に入れるカードは免許証と保険証プラス、クレジットカードなどは3枚まで。他のカードは別ケースにしまって。

21 お財布は、お金さんの居住スペース。いつも清潔に

お金さんが長く過ごしたくなるのは、心地良く過ごせる環境のお財布です。

ごみが散らかった汚部屋で過ごすのは、人と同じで、お金さんにとってストレスでしかありません。

新しいお財布でなくてもいいのです。清潔で、きちんとお手入れされていることが大事。

たとえば**月1回、休日の夜にでも、お財布の中をお掃除してあげましょう**。お財布の中をすべて出して、一度からっぽにします。蛇腹の部分はホコリやゴミが溜まりやすいので、絵筆などを使って取り除きます。革製なら、ときどきクリームを塗ってあげると、艶やかな味わいのある表情が育ってきます。

定期的にきれいにする習慣があると、お財布はいつもきれいな状態。お金さんがゆっくりできるお財布には、お金も入って来やすく、出て行きにくくなります。

お財布を、つねにきれいに保ち、大事にあつかうこと。金運アップの重要ミッションです。

22 お財布はなるべく日に当てません

お財布もお金さんも、「日蔭好き」と覚えておいてください。

そもそもお金さんは明るいところに出ると動きたがる性質なので、散財しがちです。だからお財布だけ持って出かけることも、5分10分コンビニへ行くくらいならセーフですが、長時間は避けましょう。

お財布からお金を出し入れするときは、明る過ぎないところや人目に触れないようなところで出し入れして。

人目を避けるのは、だれかがあなたのお財布をのぞき見て、「うらやましい」など妬むような負の念を湧かせないためです。人からのネガティブな感情は、自分にもお金にも影響してきます。

とくにお買い物の多い日は、バッグの奥にお財布を入れるように意識して。お金の支払いで頻繁に取り出していると、お財布のあつかいが雑になりがち。負を呼び込まないよう、「いつも日蔭に」と気づかってください。

23 散財しがちなお財布は、布袋でカバーすると落ち着きます

外出するときは、バッグにはじかにお財布を入れず、布袋にインして。

お金の減りが早い気がしてきたら、布袋でカバーしておくと落ち着いてくる——そう教えてくれたのはお金持ちの人たちで、以来ずっとわたしもお財布を布袋インの習慣を続けています。

どんな袋を使ったらいいかよく聞かれますが、この袋は日射しよけの意味あいが強いので、お財布が入って自分が気に入った色柄の袋なら、なんでも良いのです。

わたしの布袋は、エルメスの靴を購入したときについていたオレンジの袋を使っています。細長い形の袋なので、財布入れにちょうど良く、心が晴れやかになるオレンジ色も気に入っています。

他に、金運アップしている人たちが愛用している袋は、たとえばローラアシュレイのかわいい花柄の巾着や、シャネルのお財布を買ったときについてくる黒い布袋などを使っている人もいました。

ブランドの袋にこだわるわけではありませんが、やはり一流品のパワーがあるので使いやすいのです。

買い物するたびに袋からお財布を取り出すのは、ちょっと面倒にも思えますが（苦笑）。でも実際、高級店で気をつけてまわりを見ていると、お買い物している人が布袋からお財布を取り出すシーンに遭遇してハッとすることがあるのです。

24 家に帰ったら、お財布を「寝床」に置きます

おうちでは、大切なお財布をどこで休ませていますか？

お財布も毎日適当に家のあちこちに置かれては、落ち着いて休めません。よりどころのないお財布は、本来のパワーを発揮することができません。

家に帰ったときに、お財布を保管する定位置、「寝床」を決めておきましょう。**お財布の「寝床」は、いつも同じ場所が望ましいです。**バッグに入れっぱなしでも、それが定位置なのであれば「寝床」としてもＯＫです。服にあわせて、よくバッグを変える人は、家の中に場所をこしらえましょう。

家族のお財布の「寝床」と共有である必要はありません。自室などパーソナルスペースに置くと、お財布も持ち主のそばにいられて安心します。

寝床のしつらえ

- **よくある寝床には、棚の上や箪笥の引き出しがあります。**
- **棚の上なら明るいのでお財布の上から黒いハンカチや布をかけるといいです。引き出しの中なら、暗いのでそのままでかまいません。**
- **お財布の上に物などをのせないでください。**
- **徹底するなら北側の引き出しを寝床に、黒い布袋などでカバーすると完璧です。**
- **お財布の下にはタオル、布などのクッションを敷くとお財布さんが心地良く休めるはずです。**

わたしのお財布は、いつも使っているバッグをしまうクローゼットに棚があって、その棚の上を、お財布の寝床にしています。お財布をエルメスの布に包んで、寝床に置いたら「今日もありがとう。ゆっくり休んでね」という念を送っています。

25 家のお金さんにも、落ち着ける居場所をつくります

おつりのお金、宅急便の支払いなどの家用のお金、なにかのために家に備えてあるお金。お財布に入れるお金とは別に、家に保管しているお金さんにも、居心地の良い場所を整えておきます。

ポケットの小銭をテーブルの上にじゃらじゃら出して、お金さんをおきっぱなしにすると、お金は元気になって出ていこうとする気持ちが働きます。持ち主の気持ちと関係なく支払いに使われたり、持ち主が浪費しやすくなります。逆に、自分のところのお金さんの居場所に心を配ることができれば、金運チャージにつながります。

硬貨を収める居場所

陶器（土）製の壺や貯金箱が向いています。

硬貨の材質は大地にまつわるものなので、土製の入れ物に入れておくとお金さんが心

地良く過ごしてくれます。

お札を収める居場所

紙の袋、封筒、木箱などが向いています。

お札の紙幣は木からつくられていますから、同じ植物のもの、つまり紙や木の入れ物に入っていると落ち着いて過ごしてくれます。

硬貨やお札の入れ物には、お菓子屋さんなど一流専門店の紙箱や木箱、一流ホテルの封筒などがおすすめ。「一流」「有名ブランド」といった高い波動を帯びているものを使うと、いいお金さんを引き寄せてくれます。

わたしの愛用は、硬貨には、人気の菓子店「ケーニヒスクローネ」のスイーツの壺を、お札の保管には「ゴディバ」のチョコレート箱を利用しています。壺でも箱でも、そこに入っているお金さんがなんとなく心地良さそう。そんなふうに感じる入れ物を選んでください。

26 紙幣はプラスティック容器に入れません

プラスティックやスチールなどは、風水では「火」をあらわし、運気を「燃え尽くす」とされ、避けたい素材です。

つまり**プラスティック製の収納ケースなどに、お金の紙幣を入れておくと「燃える」とされ、向いてないことになります**。

木や土、紙など自然素材には荒れたエネルギーを静める力があるとされています。

紙幣が貯まりやすいのは、紙や木の箱です。商品券などは紙幣と波動が違うので、一緒に入れるとばらつきが出てきます。

商品券やプリペイドカードなどはまとめて、お金と別の箱に。わたしは、バッグメーカーの造作のしっかりした紙箱を使っています。

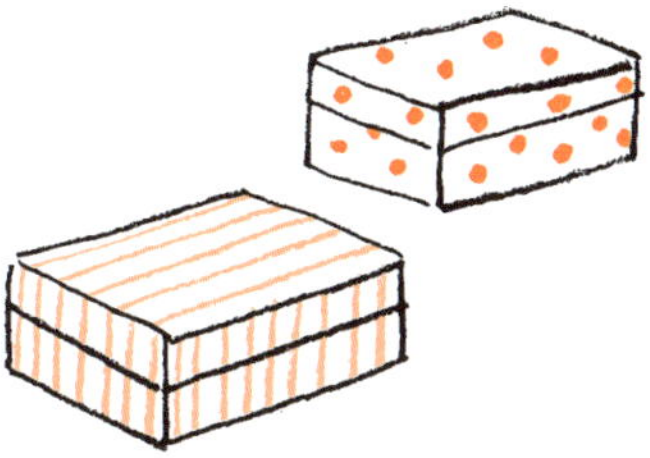

27 お財布やお金さんを、水や火のそばに置きません

お金を水まわりや、火のそばに置いてはいけません。
お風呂やキッチンの水場に近いと、お金が水に流れてしまうように、あっという間に使ってしまったりします。**それから火の場に近いと、金運が燃えて、お金が早く目減りしてしまいます**。

エプロンのポケットにお財布を入れて、ガスコンロの前で煮炊きするシチュエーションも避けたほうが懸命です。

お財布の寝床（置き場所）として、食器棚の引き出しもよく考えられる場所ですが、食器棚の配置に注意してください。シンクやコンロに近い場合は、お財布や通帳などの保管場所にはおすすめしません。

こっそり貯めておきたいへそくりも、水場とコンロまわりは避けてくださいね。

28 通帳は北の暗い場所が貯まりやすいです

運気の流れにとって「向き」は重要なポイントです。**お金を家で休ませる「寝床」には、北側がおすすめです。**配置によりますが北側のクローゼットや箪笥などに収めておくと、財が溜まりやすいとされています。

お財布や通帳などお金に関するアイテムは、ある程度、狭くて暗い空間が向いています。クローゼットや箪笥、押し入れなどが、すかすかした広いスペースの場合、お財布をポツンと置くのはおすすめできません。

北側にクローゼットや引き出しがない場合は、北に近いところで暗めのスペースを選んで保管してください。証券などの財は、金庫や机の引き出しの一番下段に。こちらも明るい場所は避けてください。

29 お金持ちや運の良い人からもらったお金を「お守り金」に持ちます

お金持ちの人からプレゼントされたお財布や小物を持っていると、波動が上がり、なにかと良いことが起こりやすくなります。とくに簡単で効き目があるのが、「お金持ちからもらったお金さん」。これをお財布に「お守り金」として入れておくと、金運のご縁をつないでくれます。

お金持ちのところにいたお金さんは、なんの無理もなく、お金の仲間が増えているのがあたり前――そんな気持ち（波動）がベースにある「富気を持ったお金さん」ですから、引き寄せるパワーも強力です。

「お守り」にする金種はなんでもいいのですが、「同種の法則」があるので、千円は千円を、1万円は1万円を引き寄せます。大きな金種をお守りにできたら、おのずと大きな金額が集まります。

30 愛情の込められたお金さんを「宝の神さま」にします

たとえば、大好きなおばあちゃんからもらったお年玉。

お礼やお祝いの気持ちが託されたご祝儀のお金。

「心ばかり」と感謝の気持ちが込められた謝礼金。

自分の人生の特別な物語につながったり、誰かの手のぬくもりがするお金には、どことなくやさしい気配がします。

信頼、願い、やさしさ、愛情——。

目に触れると、「あのときの、あの人からの」と心の奥底から強くポジティブな感情を呼び覚ますお金さんは、幸せの感度を引き上げてくれる、開運のお金です。実際の金額の百万倍くらいの価値があると思っていいものです。全額でなく一部でも、あなたの運気を見守ってくれる「宝の神さま」として、大切に保管しておきます。

31 借金はしません。したらすぐに清算します

人生において、自分に借金があるかないかを考えてみてください。

ここでいう借金は、お金だけでなく、借りた物を返さなかったり、戴き物へのお礼を忘れている不義理も含まれます。

何かしてもらったことに対してお礼（清算）をしてなかったり、返し忘れていないかを考えてみてください。

返すべきものは返し、支払うべきものは支払い、清算する——これは運気の土台の部分ですから、ここがきちんとできてないと金運は上がりません。

社会の一員として支払うべきお金（税金、年会費、町内会費など）は、たとえ希望

してないとしても、「惜しい」「もったいない」という思いは振り切って、きれいに支払います。そしてフリでもいいので、「今まで一緒にいてくれてありがとう、世の中の役に立ってね」と、気持ちよく送り出します。感謝を伝えることで、お金さんも気持ち良く出ていくことができて、そしてあなたのもとへ戻ってきやすくなります。

税金などの支払いが滞るなど借金があると、目にみえない取りこぼしの利子がついて、運気を乱す原因に。お金の運気だけでなく、人間関係や恋愛、健康、仕事などにマイナスがついてきたりと、人生の運気全体に影響します。

逆にお金をなにか良いことに使えば、目に見えないプラス貯金ができて、人生のすべての歯車は幸運へと動き出します。

32 自分の手持ちの資産を把握しておきます

自分の庭の地形や広さを知らないまま、種を蒔いても、収穫したい願いごとは絵空ごとになってしまいます。開運を願うにしても、ベースの把握が大事。自分の持っている資産、この土台の確認が、金運アップには重要です。

机の上にお金関係のものを出してみます。

硬貨、紙幣、貯金通帳、証券、商品券、プリペイドカードなど、すべて。ネットバンキングはわかりづらいですが、資産の数字をメモで記してください。すべてを目の前に並べ、いま現在、自分自身の資産を算出します。

自分の全財産が見えたら――漠然と不安になっていた人も、安心できたり、次の目標がつくれるようになります。

それに、**いまあるお金すべてを認知すると、お金さんたちも「忘れず目を向けてくれてありがとう」と嬉しくなって友だちを呼んでくれますし、なにより心地良く過ごせます**。

確認したら資産たちに「一緒にいてくれてありがとう、幸せ」と感謝し、それぞれの場所へ戻ってもらいます。

33 リアルな「金運積み立て」通帳をつくります

まったくお金の引き出しをしてない、「貯める専用」の定期貯金の銀行通帳をバッグに入れておきます。あるいは、お金が貯まり続けている通帳ページをコピーして、お財布に入れて身近に持っておきます。

必ず一定の金額が増えていく貯金は、「金運の積み立て」を意識するのに、とてもいいアイテムです。**定期的に積み立てている数字を目でみることで、お金さんが着実に増えていく、運気が順調である、そんなイメージを自分に刷り込むことができます。**先の金額の予想もできるので、「貯まったらなにに使おう？」とワクワクして、さらなるポジティブな運気を引き寄せます。

ただし一つでもお金を引き出した記録がつくと、マイナスを目で見てしまい「金運の積み立て」効力がなくなるのでご注意を。

通帳記入のために定期的に銀行通いの習慣がつけば、銀行の富氣も吸収できます。

34 おうちで「善いこと貯金」をします

おうち貯金といえば、よく聞くのは、おつりで手にした500円玉を貯めていくといった「500円玉貯金」。そんなおうち貯金を、人のために使う目的で貯める「善いこと貯金」という大義名分を掲げてやってみるのです。

これは大金でなくて良いのです。

500円を貯金するのがちょっと苦しいという人は、100円でも。100円が惜しくなりそうで、「1円なら笑いながらできる」ってことなら1日1円貯金でもいいのです。

1円×365日で1年に365円です。お金を人のために使うことを目的に貯め、実際に貯まったお金を人のために役立ててください。

「善いこと貯金」の大切なポイントは、「こつこつ、笑顔で継続」。

「笑顔」で、が大事なところで、けっして苦しい思いをしてする必要はありません。あなたが毎日継続して貯められる金額を決めてください。あくまで自分が喜んでやれているかを大事にしてください。

「与えよ、さらば与えられん」はテッパンの開運ルールです。

毎日継続している善い行動を、「いつも人のために動いている人」として天が認識して、天はギフトを用意します。

ギフトは、お金以外のことで授かることが多く、人との出会い、物質的なもの、仕事、健康と、カテゴリーはさまざまですが、必ず自分に返ってきます。とくに「喜んで」人のために動く人には、大きな大きなギフトが舞い降りてきます。

35 手持ちのお金を集めて「感謝の会」をします

お金さんと仲良くなりたいのであれば、自分のもとにいるお金さんの本質に触れて、よく知るべきです。

その方法の一つが「感謝の会」。まず机の上に本物のお金さん、自分の手持ちの現金をできるだけ集めます。最近はクレジットやキャッシュレスが増えましたが、**お金のエネルギーはやはり本物のお金からでないと吸収できません**。

本物のお金に触れ、感謝して交流をすることで、お金さんと仲良くなれます。

集める現金は高額であればあるほどよく、1万円札1枚より、百万円の方が効果が高くなります。自分のからだに百万円のエネルギーを吸収させます。

触って、よく見て、匂いを嗅いで、音を聞いて——五感で百万円を知ると、百万円の波動が身につき、すると百万円を引き寄せるパワーが宿ってきます。

36 お金を貯めるのは「巳の日」、大きな出費は「寅の日」にします

古くから人々の生活に根ざしてきた暦は、目的に合ったアクションの日を選ぶことで、より運気を上げるヒントになります。

大きなお買い物、銀行への支払いなど、お金を動かすときには、金運に縁起が良いとされている「巳の日」と「寅の日」を選びます。

「巳の日」は財運をつかさどる「財弁天」の神さまとご縁がある日。それに巳は金運アップとして知られているヘビをあらわすもの。全般にお金が貯まりやすい日です。「寅の日」は「虎は三千里行ってもちゃんと帰ってくる」といわれているので、使ったお金が戻ってきやすい日なのです。とくに賭けごとなどに吉とされる日で、競馬や宝くじなどに使うのに向いているとされています。

※運気アップの暦のことはＰ１７８でも触れています。

コラム②

「金運×仕事」「金運×恋愛」を叶えた人たち

お金の運気が変わると、仕事と恋愛もガラリと変わってきます。逆も同じです。すべての運気の流れは、「ご縁」と密接に関わっています。人と人がつながって成り立つ仕事も恋愛も、金運と結ばれるのは自然の流れです。

そうした運気を良くする作法において、「楽しみながらやれた」「信じてみる。やってみてなんの損もないですから」と素直に実行してみた人たちは、伝え役のわたし自身も驚くほど輝き、人生激変のドラマを生きています。

本書の読者の手助けになりそうなケースを次にご紹介します。

【ケース1】幸せな人の口ぐせを真似るうちに、前向きな自分に

ジュエリー販売員のM子さんは、美人さんですが、どこか影のある30代初めの女性。正社員になれないまま契約社員として8年が経過。ボーナスや保証がないので、いつもお金や将来への不安がどこかにあって、「もし働けなくなったら?」とマイナスシ

ミュレーションをする思考パターンが常になっていました。

そこで「マイナスなことばを口にしない」を徹底して実践。最初は、長年のマイナス思考からなかなか抜け出せず、ポジティブなことばが出てこないと困っていたM子さん。お手本にしたのが、大好きなプラス思考タイプのタレントのローラさん。お客さまの応対などでは、カジュアルになり過ぎないように口調は気をつけつつ、暗く考えそうなときは、あのローラさんの笑顔、ハッピーな陽の「気」を思い浮かべ「これ素敵！」「とってもいいですね」などと、真似てみたそう。

3ヶ月後もすると、なんでも明るく捉えるようになったM子さん。もともとのおしゃれなセンスも際立って、昔から憧れていたバイヤーに抜擢。キャリアを積み、パリやNYの展示会へ出張して、お給料は1・5倍にアップ。最近は、開運になる美しい天然石アクセサリーをデザイン中のようです。

【ケース2】ダメ財布の改善で、マンション購入。ゆとりライフのはじまり

不動産会社で営業を務めるM子さんは、30代初め、独身。腐れ縁で同棲していた同僚と別れ、環境を変えたくて、転職をするか引っ越しをするか悩み中でした。

彼女に、まずおすすめしたのは、お財布を改善すること。そもそも大らかな性格のM子さんは、仕事上の経費のレシートの多さから、なんでも入れておける大きめのポーチをお財布代わりに使用。さらに、それとは別に持っているお財布にもレシートやメモがはみ出すほど入り、カードも溢れるほど。パンパンのお財布を、食事の会計のときに友人に横目で見られて、少し恥ずかしくなってきたと告白がありました。

ゴールドのお財布を新調したM子さん。レシート類を入れるかわいい別ケースも新しくして、カード類も一掃。お財布を見直すたびに生活のムダを捨てていくようなスイッチが入って、自然とムダ使いも減り、貯金が出来るようになったそう。

さらに貯金が出来る見通しから、おしゃれエリアに、思い切ってマンションを購入。ご近所には人気の食事処も多く、界隈で知り合った人たちのコミュニティーで、ワクワクする出会いが次々におこっているよう。

【ケース3】趣味に「生き金」を使って。副収入を10万増に

家業の小さな本屋さんを手伝ってきた20代後半のF絵さんは、ヨガが好きで習って5年ほど。衣食住に困ってはいませんが、ヨガの習い事費に多くを注ぎ込んでいました。余裕がない月は友だちからご飯を誘われても断ってしまったり、洋服や菓子も、やめとこうかな、とお金の小さな不満が溜まりつつあったそう。

「もう少し手持ちのお金があったらいいのに」という気持ちから、金運の習慣をできるところから実践。間もなく通っているヨガ教室で、講師コースを受講しては？とすすめられたF絵さん。認められたことに心がルンとして、思い切って、講師コースにお金をかけることに。海外からの人気講師がやってくると、特別料金がかかってもチャレンジし、新しいものを吸収することを楽しんでいました。

そうして得たスキルの豊かさから、今では名古屋で人気のヨガ講師として趣味の世界を満喫しながら、満足できるギャラを得ているそう。両親のために家業は続けながら、やりがいのある副業で毎月10万円ほどの収入増に。いまは友人の誘いにもお財布の中を気にせず、無理なくつきあえるようになったそうです。

【ケース４】アルバイトの開き直りで実力発揮、正社員にステップアップ

自動車販売会社の受付で働くLちゃん、30代前半で、仕事はほどほどの愛されキャラ。婚活中でもあり、あと3年ほど働いて結婚したい、とぼんやり安定の人生を考えていたそう。それがあるとき、リストラに。貯金を崩しつつ、とても憂鬱な毎日を過ごしながら次の仕事を探しました。希望の会社にすぐ入れるわけもなく、当面のつなぎの仕事なら、どうせなら好きなことをしようと思い立ちます。人生ではじめて、安定より「自分の好きで、やってみたいこと」を考えたのです。

それが学生時代に勉強していたインテリアコーディネーター。以前取った資格を生かして、家具屋さんの接客のバイトに入り、同時に金運アップもひそかに試しました。数ヶ月すると運気が上がってきたのか、彼女の接客するお客様は高額の家具を買ってくれる人ばかり。評価が高まり、契約社員をとばして正社員に。お給料も格段に上がりました。ピンチから逃げず、意識を変えるチャンスにしたLちゃん。仕事が楽しく毎日が充実して波動が上がってキラキラした彼女には、デートの申し込みが絶えないそうです。

【ケース5】都会の会社員から、直感を信じて沖縄へ移住。年下の夫も

広告代理店に勤めていたN子さんは40代半ば、離婚歴アリのキャリア女性です。仕事は充実していたものの猛烈に忙しく体を酷使し、なにより「この先会社員として終える？」と自分の将来性にワクワクする夢のない寂しさを感じていました。

ある休日、唯一の趣味だったダイビングを楽しみに訪れた沖縄の島。一緒に行くはずの友人がこれなくなって一人で行動していたときに、聖なる場「御嶽」というパワースポットに立ち寄ります。すると、ふとここで、人生を過ごしてみたい、そう直感で感じたそう。会社の上司も家族も「絶対に後悔する」と猛反対のなか、「怖がるよりも、直感にしたがえば道は開ける」という開運の作法に背を押され、N子さんは島へ移住を決行。そうして健やかな島の果物に魅せられた彼女は、ブランディング会社を起業し、全国にファンを広げるヒット商品を次々に仕掛けます。

8年経ったいま、会社員時代の年収は軽く超えているそう。仕事のご縁から、島の果物農家の年下男性と巡り会って、結婚も！　現在は、毎朝鳥の声で目覚め、自家農園のフルーツスムージーで一日がはじまる。お金以上の豊かさを手に入れたようです。

37 大銀行で、活気のあるお金さんの波動を吸収します

大きな銀行にマメに足を運び、お金さんの波動を吸収します。

そもそも銀行という場所は、お金のある人が来店する場所で、借金まみれでお金がない人は来ません。つまり銀行は、「金氣」が集まるスポットなのです。

ATMよりも銀行の空間、それも支店より本店、とくにメガバンクの本店など、大銀行の空間はとびきり強い金気が集まる磁場。定期的に足を運ぶことをおすすめします。

たとえば築地市場など、大きな市場に足を運ぶと、ただそこにいるだけで、生き生きとしたエネルギーを感じて、なんだか元気になるものですが、銀行も同じです。大きな銀行の中でどれほどのお金が動いているか想像してみて。日本中、世界中か

ら集まっているお金が活発に動き、すさまじいパワーをもったお金の流れを生み出しています。そんなお金さんの力強い金氣を吸収することで、さらなる金運の波にのることができるのです。

滞在時間の長さより、こまめに回数を多くするほうが効果的です。出し入れをしなくても、通帳の記帳をするだけでも、大銀行にわざわざ足を運ぶようにしているお金持ちは少なくありません。お金のキラキラした金氣のシャワーを浴びにいくような。そんな心持ちで大銀行へ足を運んでみてください。

38 お金さんが集まる場所で、「富氣」をたっぷり吸収します

たっぷりとお金が集まっている場所＝お金持ちが行く場所へ足を運びます。

一流ホテル、銀行、一流レストラン、エステサロン、デパート、一流専門店（洋服やバッグのブランド店など）、お金持ちが集まる場に身を置き、「富氣」を吸収することができます。**普段からつねに一流は無理でも、できる範囲で本物に触れておくと、お金さんに好かれやすい体質になります。**

流行のお店に通ってみることも、運気の後押しになります。予約が取れない美容室などは、それだけ繁盛して儲かり、お金が集まっている場ですから、金氣のエネルギーがたっぷり。ついでに繁盛（人気）の気も流れているので、「人を惹きつける氣」も授かれます。**繁盛店には必死に売り上げをのばそうとする「無理やりの力」が働いていないので、流れをスイスイと泳ぐような心地で、らくーに運気を上げることができます。**

39 お金持ちになったような優雅な時間を過ごします

高級な場所に長くいると、自分までまわりのお金持ちの一員になったように勘違いしてしまうことってありませんか？　それは、それだけお金の波動を吸収していることになります。

お金持ちになったような気分が気軽に味わえるのが、一流ホテル。**宿泊しなくても、ラウンジでお茶をしたり、ホテルレストランのランチもいいのです。長時間いることより場数。何度も何度も、富氣の集まる場で過ごしたほうが効果は高くなります**。その場にいるお金持ちも入れ替わるので、回数が多いほど、いろんなお金持ちの富氣を吸収。お金持ちと出会う確率も多くなります。

いつもより上質のおしゃれをして、歌舞伎やクラシックコンサートや食事へお出かけすると、まわりのサービスも違ってきます。**自分自身もお金持ちのようなふるまいや時間を経験することで、富氣に親しみやすい体質になっていきます**。

種の巻
芽の巻
葉の巻
実の巻

40 金色の雑貨、金のアクセサリーをつけると金運が上がります

お化粧ポーチやミラーなど、お化粧アイテムに金色を使うと、金運を招きます。模様の彩りの一つが金色など、デザインの一部に使われていてもＯＫです。ちなみに**お化粧する場は金運に大きく作用するところなので、お部屋のメイクボックスやドレッサー、お化粧ポーチなどを汚くしていると運気が下がってしまいます**。しょっちゅう整理整頓して、鏡もきれいに磨くクセをつけておきましょう。

ゴールド系のアクセサリーも金運が上がります。金運的には「質」が肝心。同種の法則で、**金を身につければ金が引き寄せられますし、メッキを身につければメッキの波動を引き寄せます**。

ピアスでもブレスでも、デザインはなんでもＯＫで、華奢なものでも構いません。上質で長く使い続けたい、お気に入りのアクセサリーを身につけることが大切です。

41 運気が上がっている人と積極的につきあいます

単純に、お金を持っているといった金運だけでなく、仕事や恋愛でも、うまくいっている人と身近に過ごすことで、その運気を吸収し、自分の運を引き上げることができます。

また「出会い」自体で、あなたの運気の調子も確認することができます。ここ最近はどんな人と出会ったか、振り返ってみましょう。自分の運が下がっているときに自然と出会う人は態度が悪かったり、相性が良くなかったり。どうしてこんな人と出会うんだろう？　と思うのであれば、自分の運気が下がっている可能性があります。同種が引きあう法則で、「お金持ちの知りあいは、お金持ち」の理と同じです。

運気が上がっている人、心がルンと喜ぶ人を見つけたら、自分から近づいてアクションを起こすことで、軽やかに運気を上げていけます。

42 できるだけ旬の食べ物をからだに取り入れます

自然のサイクルの中で健やかに育った季節の食べ物を、感謝しておいしくいただくこと。これが一番のパワーアップになって、すべての運を引き上げるコツといえます。

基本として、開運目当ての特別な食材でなくても、旬の野菜や果物＝金運アップの食材と考えられます。

春なら春、秋なら秋の季節のエネルギーをたっぷり吸収した食材は、新鮮なプラスのエネルギーに満ちていて、さらに食べて「おいしい！」といったプリミティブな気持ちが開運のポイントになります。

命ある食べ物には、神さまが宿っています。

天と大地の恵みのパワーがこもった、生まれたての旬の食材を、丁寧に料理して、大切に食べること。「命を、いただます」の姿勢で口にすることで、日々のささやかな食事から、運気が自然と開けてきます。

43 食後のデザートは開運メニューを選びます

食後の甘食（デザートや果物）は開運行動になります。**開運に向いているデザートメニューは、ハチミツや柑橘系の果実を材料した、ケーキやタルト、ムースやゼリーなども。**冷たいスイーツでもＯＫです。

それに邪気を祓う小豆。お汁粉、どらやき、豆＋ハチミツで、あんこをのっけたハチミツ入りパンケーキなんて、ばっちりです。

お祝いごとなどで登場する、金粉や金箔を使ったおめでたいお菓子も、間違いのないもの。ぴかぴかの金運パワーをダイレクトにからだに取り入れることができます。

運気アップの大事なポイントは、食べるときはニコニコ顔で。ダイエット中ならば、金運アップデーと日にちを決めておいしく食べるといいですね。

44 丸くて黄色い実を食べます

「丸くて、黄色くて、甘い物」は、風水では金運を上げるといわれています。

柑橘系の果実がその代表で、オレンジや柚子、温習ミカン、レモン、グレープフルーツなどなど。他には、ビワや瓜、マンゴーなどもOKです。

それから夏には、トウモロコシも！　粒が丸い形状で黄色なので金運アップにも良く、しかも旬フードのパワーを持っているので、旬フード×金運アップフードでダブルの効果が得られます。

必ずしも原形のまま食べなくても大丈夫。ジャムやお茶、お菓子などにして。甘いデザート系が苦手な人は、フレッシュのフルーツジュースなどにして取り入れても。

45 柚子でつくる「金運茶」を飲みます

冬至には邪気払いに食べられる柚子。「融通（ゆうづう）」ということばとも重なって、強い開運力を秘めています。

とくに金運チャージ&浄化におすすめしたいのが、柚子茶。太陽の恵みをたっぷり吸収して実った柚子は、金運を高めることはもちろん、日々溜まっている「金毒」（P190）を解毒をして、運気の滞りを調整してくれます。

お金にまつわるネガティブなことを吸収して溜まる金毒は、気の巡りを鈍らせるもの。不慮の出費が重なっているなら金運柚子茶を飲んで金毒のデトックスをおすすめします。

柚子茶は、既製品もありますが簡単にできるのでホームメイドにも挑戦してみて。理想の未来を想像しながらやさしい気持ちでつくってみましょう。

金運茶のつくり方

わたしのオリジナルレシピでは、柚子は皮も使うので無農薬栽培で、甘味もできるだけ天然素材がベース。大地の気を、からだの中にいただきます。

材料

柚子…4個（約330g）　きび砂糖（または甜菜糖）…300g　ハチミツ…30g

※柚子：甘味料は1：1が基本分量ですが、お好みで調整して。

つくり方

①柚子を皮と果実に分ける。皮を薄く細く切る（マーマレードの要領）。
②果実は白いわたも含め、こまかく切る。種は除き、果汁も使うので取っておく。
③①・②の柚子、きび砂糖、ハチミツをよく混ぜる。
④ビンに詰めて出来あがり！

※半日ほど置いたらいただけますが、1～2日置くと味がなじんでおいしい。
※「豊かな気」の循環を促すために、続けて飲むことをおすすめします。

46 自分の夢、願いごとにまつわる写真や絵を飾ります

人は目から入ってくる情報に強く導かれ、いつの間にかその方向に進もうと脳が働きかけてきます。

「金運の良いわたし」が叶えたい願いを、写真や絵で「見える化」します。欲しい物を雑誌から切り取ったり写真を撮ったりした物を、いつも目につくところに貼っておきます。毎日なにげなく欲しい物が目に触れていると、現実的に引き寄せの力も強くなってきます。

叶えたいビジュアルイメージを、もっとリアルにするために、切り貼りした写真に自分も入れ込んで、「未来ポスター」をつくってみます。

たとえば、住みたいマンションがある場合、そのマンションの写真をプリントして、その中に自分自身の写真もコラージュしてみるのです。

作家になりたい人は、これから出す自分の本の表紙をつくります。ベストセラーの小説を選び、その本のカバーと差し替えます。文字を入れたほうがわかりやすいならば、それもアリです。ヒット本の運気の強いエネルギーが加わって、実現イメージを高めてくれます。出版されている本と並ぶ自分の本の姿を眺めていると、「作家になる」が夢物語でなく、ほんとうに起こることとして実感できるのです。じつは知人で、この方法を実践してエッセイストになっている人がいるのですよ。

いまの暮らしの延長で「より幸せに」を願う人は、豊かさの象徴の絵や写真を飾りましょう。麦の穂、たわわに実る葡萄、牡丹、鳥の絵などが運気を招きます。

47 玄関に水鉢を置きます

風水において、「水」は財を表すキーワード。「水場をつくること」は、お金を集める方法」ともされています。

台湾や中国を旅行すると、店先に「水鉢」が置かれたり、裕福そうな家や高級マンションやビルには、池やプールなど玄関先に水場が設けられている風景を見られるはず。これは「財運を呼び込む」風水を意識した仕掛けであったりするようです。

池やプールは造成しづらいので、実践しやすいのは水槽や水鉢を玄関に置くことです。

玄関を入って左側に置くとベター。さらにおすすめは、メダカや金魚を飼って、水が動く環境をつくること。水の流れが金運アップを招くとされています。金魚など生き物を飼いづらい方は、飾り水鉢でも大丈夫です。

ただし水が濁っていては逆効果なので、ご注意を。定期的に水を取り替え、**いつもきれいな水を貯めておくことが大切です。**

48 ハープやバイオリン、弦楽器の音楽を聴きます

胎教に音楽が良いことはよく知られていますが、大人になっても音楽を聞くことで、人の波動を上げることができます。

とくにピアノやハープやバイオリンなどの弦楽器の音楽が金運を上げてくれます。クラッシック系が多くなりますが、ぜひ一流の演奏家の作品を選んでください。いつもはロックやポップスばかりという人も、新しい音楽は感性を刺激してくれます。

音楽は創造力や集中力を高めてくれる効力があるもの。これまで音楽をあまり聴きなれていない人は、歯を磨いている間だけ、掃除の間だけ、朝の通勤のときだけ、と少しでもいいのです。新しい習慣で活性化されて、やる気がわいたり、ひらめいたり、いろんなプラス効果が出てくるはずです。

聴くだけでなく自分でピアノやギターなどの弦楽器を演奏することは、なお良いものです。

49 部屋に運気を上げるアロマを焚きます

お金持ちのおうちの玄関は、たいていとても良い匂いがしています。住んでいる人の豊かさを感じさせるような、幸せを感じさせる香り。

「匂い」は脳にさまざまな創造力を与えるので、香りをうまく取り入れれば「お金に困ってない」「満たされている」といったイメージを、自然と自分に刷り込むこともできます。


金運に良いとされるアロマの香りは「柑橘系」で、柚子、マンダリン、グレープフルーツなどの爽やかな香りです。

アロマオイルは、人工的な合成香料より、天然の植物由来で、真正のエッセンシャルオイルを選んで。それも金運に良いとされるアロマを2種類以上をブレンドして調香すると金運のエネルギーは増長します。

50 金運を開く観葉植物でグリーンライフを楽しみます

風水では運気を開いてくれる観葉植物があります。**良いとされているのは丸い葉の植物でモンステラやベンジャミンなど。その他に多肉植物もおすすめです。水分を葉にいっぱい含んでいるので「財が溜まる」といわれています。**

開運の植物は、適材適所で育てることが、良いとされています。水向いている空間は、金運や健康運に関係しているトイレです。みの気（陰）が溜まりやすく、悪い気が溜まりやすい場なので、みずみずしいグリーンの鉢ものを置くと、悪い気を吸収してくれます。植物は生き物ですから、その空間に生気を与えてくれます。

丈夫な観葉植物であっても、生き物です。適度な水やりなど、お世話をお忘れなく。

51 部屋に季節の草花を飾ります

みずみずしく美しい季節の花を飾ると、それだけで部屋が明るくなってきます。

一輪でも花を飾ってみてください。どことなく花のやさしいエネルギーが漂い、部屋の空気感がちょっと変わってくるはずです。

金運をもたらすとされているのは、「丸い花びらを持った花」「黄色やオレンジなどの明るい色」です。丸い花びらの梅や、黄色いチューリップ。ヒマワリは風水で金運アップの絵画によく描かれる花でもあります。

ドライより、旬の花のほうがパワーあります。花屋さんの店先にあふれる、時季の草花から、自分のための花を選んでいると、美意識も刺激されます。花びらを摘んだり水を替えたりすることも、生きている花と暮らす喜びです。

52 散歩して、旬の自然を愛でます

毎日の散歩は、小さな旅くらいの価値あるものです。遠くでなくても、近くでいいのです。できるだけ緑や木々の多い場所を選んで歩きましょう。植物は日々育ってゆきます。家や会社のまわりをひと巡りするだけで、ずいぶんたくさんの旬（季節）を発見することができます。

思いがけない草花の芽吹きを見つけたりして、想定外の喜びをもたらしてくれます。お気に入りの樹を見つけて、幹に触れ、挨拶を交わす習慣も素敵です。とりわけ朝の散歩は、新鮮な空気を吸って美しい光でからだを浄化できる、自分への恵み。5分でも10分でもいいので朝散歩を習慣にしてみてください。

季節折々に屋外へ。山歩きやピクニック、お花見という日本の習慣は格別です。ゆったりした気持ちで花を愛でることができれば、とびきり質の高いエネルギーを蓄える時間になるでしょう。

53 マッサージで心身をほぐして、感度を磨きます

日々忙しくしていると、人は知らぬ間に、緊張したり気疲れしています。その疲れが、肩や腰などのからだのコリにでることを実感される人は多いでしょう。「からだと心」はつながっているもの。さらにいえば、「からだと運気」は別のことのようで、とても敏感につながっているのです。

からだのバランスを崩してしまうと、マイナスエネルギーも蓄積されて、運気は乱れて落ちていきます。マッサージを受けて、「気持ちいい」という理屈抜きの幸せな感覚を持つことが、開運につながるのです。

マッサージは、からだの中に巡る「気」の流れを整えてくれるもので、頭からつま先まで気が巡りはじめると人はリラックスします。

とくに効果的なのは、ふくらはぎのマッサージ。ふくらはぎをもむと、足もとに気が巡りやすくなり、足先が温まって、気が落ちついてくるとされています。

「がんばり屋さん」性質の人は、いつも身構えているので、こわばりがち。ヨガやストレッチなど、からだを「ゆるめる」効果のある運動がおすすめ。運気を上げる大事なポイントは、自分が「心から感じる幸せ」。自身を癒して、ゆるめることで運気をリセット&パワーアップします。

54 満月の夜に、「お財布フリフリ」で浄化します

満月の夜は、浄化デーとします。

窓を開けて、満月のパワーを含んだ空気に触れさせるように、お財布をフリフリと振ってみると浄化の効果が得られます。

その名も「お財布フリフリ」といって、お清め&開運の極意ワザ。金運が上がって、人生が好転する特別な力が宿るとされています。

しかしそもそも、なぜお財布を浄化すると、開運できるのか？

それは、お金さんたちはいろんな人や場所を介して自分のところにやって来ていて、どんな経路でたどり着いたかわからないところに、理由があります。

悪い気持ちを持った人や、運気がとても悪い人のところにいた可能性もあります。悪い心を持った人がお金に触れると、「残留思念」といってその負のエネルギーがお金に残ってしまうので用心が必要です。

お財布も同じように、ずっと使っていると、いろんな波動を持ったお金さんが出入りしています。負の波動が溜まってくると疲弊して、運気が下がっているかも？（新しいお財布の場合も、手に入れるまでに、どんな人が触れたかわかりません。気持ち良く触れた人ばかりじゃないときもあるので、浄化してあげると安心です）

月に1回巡ってくる、満月のリズムで、お金さんやお財布のケガレを祓って、悪い気をデトックスします。定期的に部屋のホコリを祓うように、お財布をリセットしつつ、満月に行うことで神秘の月パワーで金運をチャージします。

※月のパワーについては、P134で詳しくお話ししています。

※お金さんの浄化については、P198で詳しくお話ししています。

悪い気をシャットオフし、浄化して生まれ変わったお財布には、いつもキラキラしたお金さんを引き寄せる力が宿ります。

そんな浄化&運気チャージの習慣にしたい「お財布フリフリ」のやり方は、次のような要領です。

満月の「お財布フリフリ」の手順

①お財布の中身をすべて取り出して、空っぽにした状態にする。
②お財布のお手入れ。汚れていたら拭いたり、革製ならクリームを塗ったりして、お世話になっているお財布へ感謝しながらやるとさらに効果的。
③窓を開けて、ベランダや庭に向かって、満月の空気が入り込んでくるように、お財布をフリフリ振る。
④フリフリの浄化が終わったら、「今までありがとう、これからもよろしくね」と挨拶して、家の寝床（定位置）に置いて、ゆっくりと休んでもらう。

※お天気が悪かったり、窓から満月が見えない場合も、満月パワーは受け取れるので、なんら問題はありません。

55 気持ちの良い睡眠で、浄化&運気アップします

わたしたちは寝ているときに、心身を浄化をして、運気をチャージしています。

良質の睡眠は、美肌や健康だけでなく、一日のケガレを祓ってリセットし、心とからだをピュアに保つ大切な時間。そうしたエネルギーレベルの影響は、運気にかなり結びついてきます。逆に、**睡眠する環境が悪いと、運気をチャージするどころか、運気を下げてしまうことになるのです**。

夜は深く心地よく眠ってすっきりデトックスし、朝には高いエネルギーの運気をチャージ。そんな開運をうながす睡眠環境づくりの習慣は、次のような点がポイントです。

浄化&運気チャージの睡眠の環境

◉まず静かで落ち着ける空間づくり。仕事や娯楽とは切り離して、できれば寝るため

の聖域をつくりたいもの。

◉それから光。寝るときは、空間を暗くします。太陽の光で目覚め、暗くなったら眠る。これを脳に覚えさせること。陰と陽のバランスが大切。

◉人工的な光は癒しの妨げ。室内の灯りを消し、スマホを枕元から遠ざけて。

◉寝具は、とにかく肌が心地よく感じる素材に。マットレスと枕は自分にあったものを選び、リネン、パジャマなどはシルクやオーガニックコットンなど天然素材のものがおすすめ。こまめに洗濯することも忘れずに。

◉健やかな安眠には、アロマテラピーも有効。不眠に有効でストレスを和らげるといわれるラベンダーのエッセンシャルオイルなど好みの香りでリラックスして。運気アップからいうと柑橘系の香りでつくった金運アロマスプレー（P202）を使ってベッドまわりのリネン類にスプレーして眠れば完璧です。

コラム③ 月の満ち欠けのパワーを助けに

サロンの屋号に「Luna Heart（ルナ ハート）」とつけるほど、とにかく、わたしはお月さまが大好きです。月には2つの変化のリズムがあり、形が変わる満ち欠けに、遠近や移動のリズムもあって、毎日眺めても飽きることがありません。

美しく輝く満月の日、生まれたばかりの新月の日。じつは地球上の命あるものは、動物も植物も、「月」のパワーの影響をさまざまに受けて生きています。

古来から、人は月に神秘の力を感じ、そのパワーを農事や祭事に活かし、願いをかけてきました。月の満ち欠けに沿って、祭りごとを行う国も世界中にあります。日本では十五夜のお月見をしますが、わたしのサロンの顧客が数多くいるタイの国では「ロイクラトン」というお祭りが10月の満月の夜に催されます。

もともと先人たちは、月の動きにあわせた暦「太陰暦」で暮らしていました。それは「新しい月」を新月として、新月から次の新月までを一ヶ月とした暦です。

新月から少しずつ満ちて、半月を経て、15日後あたりが満月。そしてまた満月から少しずつ欠け、半月から新月まで15日くらい。夜ごと形を変える月の周期は、約30日です。満ち欠けを繰り返す、その形も最大で30パターンあるとか。満ち欠け、それぞれのシルエットで、月のパワーは日々変わってきて、それぞれの月の日ごとに性質があり、適した行動というのがあるのです。

たとえば新月は昔から農作物の種を蒔くのに適した日とされてきました。新月に蒔いた種は成長が早かったり、枯れるリスクが少なかったりしたのでしょう。おそらく先人たちが経験的に身につけた生きる知恵だったのかもしれません。

同様に、月のその性質に沿った動きをすることで、夢や願望が叶いやすくなることも経験的に伝えられてきたことです。運気の巡るエネルギー、お金の流れも、月のリズムに合わせた行動をすることで、成果を実感しやすくなります。

月の満ち欠けのパワーに沿った運気アップについて、次にご紹介します。

【新月（しんげつ）】

新月は、生まれたばかりの月、ゼロの状態です。

1日目は、闇が広がる空を見上げても月は見えません。そして2日目、3日日と少しずつ月の光が見えてきます。3日目は「三日月（みかづき）」です。繊細なほっそりとした月の形に、これから満ちていこうとするパワーがあふれています。

新月は「はじまりの日」であり、種蒔きに適していることから、新しいことをスタートするにも適しています。

たとえば貯金。**新月の日から貯金をはじめると続けやすく、実をつけやすいです。またお財布を使いはじめるにも良いとされています。**

先に叶ったことのように行動したりイメージすることで、現実がそれについてきやすくなる日です。新月にアファメーションが向いているのも、月のパワーの性質を意識してのことです。

【上弦の月（じょうげんのつき）】

右半分が明るく輝き、左半分はまだ闇の中に隠れています。

夕方から夜にかけて、きれいな月を眺めることができます。


上弦の月の日は、「振り返りの日」となります。

今までしてきたことや、現状を振り返って嫌だったり、うまくことが進まないことを判断する日です。


楽しくない物、自分には合わない物があれば、執着せずに、手放すことを決めて、削っていきます。

重たいものを無用に抱えて、運気の流れを塞がないように、ここでしっかり除去できるといいのです。

【満月（まんげつ）】

月が最も満ちて、美しく輝く日です。

新月から徐々にエネルギーが増えてゆき、一番強いエネルギーを放つ日といわれています。

満月の夜には、見えない力が働いて自然界が大いに影響を受けます。

満月のパワーを味方に、生命を生み出すのがウミガメやサンゴの産卵です。同じく、人間も満月の夜は出産が多いことが統計でもわかっています。生命を生み出すのに最適な日として本能がそう促すのでしょう。女性の生理が28日くらいの周期で巡ってくることを考えると、女性のからだが生命を生み出す生き物として、月と密接な関係であると思い至ります。

また一方で、満月には事故が多いといった統計もあって、良くも悪くも満月パワーは人間の無意識のメンタルに異なるテンションを与えるといわれています。

月の満ち欠けのパワーを利用して行うのが浄化です。

満月は月の力が最大限に満ちているため、パワーを吸収する日として「浄化」を行い、また満ち足りている日として「満了」、つまり感謝をする行いに向いているとされています。月光浴をしたり、自分自身やお金関係の浄化をしたりします。今の幸せに感謝するのも満月のタイミングで行うと効果的です。

そして満月を境に月の右側から欠けはじめるので満月以降はデトックスに向いています。

パソコンや写真ファイルを整理し、不必要な物を捨てたり、いらないアドレスを削除します。クローゼットや押し入れの整理、気になっているのになかなかやれないことなどもタイミング的にいいです。ある程度いつも幸運が舞い込む隙間を残すように調整します。

満月から新月へ向い欠けはじめると、エネルギーが減る方になっているので、お金の支払い、ダイエットや部屋の掃除にも向いています。

【下弦の月（かげんのつき）】

左半分が明るく輝き、右半分は闇の中に隠れてしまいます。

月が姿をあらわすのは、夜中です。

下弦の月の日は、「先々のことを見つめる日」です。

これまで歩いてきた自分自身を見つめて、これからの道を組み立てます。計画を練ったり、アイデアを集めたりするのに向いています。

また何かを終わらせたくないときは、新月に向かって欠けていく月に願いごとをかけると、自然の流れに逆らわず、早くゴールにたどり着くことができます。

【ボイドタイム】

月の満ち欠けのサイクルの中で、頭に留めておきたいのが「ボイドタイム」と呼ばれる、月のパワーが無効となる空白の時間帯で、2〜3日に一度あらわれるもの。**月の影響が「無」になるため、新しいことをはじめたり、重要な決断をしても無効とされる場合もあります**。

大事なことを決める際は念のためボイドタイムを一応チェックして、その時間帯を避けて行うほうが無難です。

葉の巻

運気のフォローアップ

心を健やかにする作法

56 お金さんが嫌がる口ぐせを、タブーにします

お金さんを大切にして、成功している人に共通していること。それはお金さんが「嫌がることば」を決して使わないことです。

口にしたことばは、現実になりやすいからです。

運気を大事にしているお金持ちの多くは、お金にまつわるネガティブなことばをタブーとしています。

いま金運が悪いと感じている人はネガティブなことばが口ぐせになっていないか、点検してみましょう。

たとえばお金や運気にまつわる、否定的な口ぐせは絶対NGです。

NG⇒「お金がないから」「お金さえあれば」「お金なんて」

「ツイてない」
「儲からない」
「〜のせい（景気が悪いせい）（人のせい）」

自分を否定したり、いいわけにつながることばも避けます。

NG⇒「でも」「だって」「どうせ」「今さら」

ことばは、使い方次第。ほんとうにお金がないときも

「お金がないから買えない」⇒「今回は止めて、次買いたいものにまわそう」

といい方を変換すれば、悪い感じはしません。

さらに「開運口ぐせ」をつけてみると運気が驚くほどアップ。大げさなほどポジティブなことばを口ぐせにして、自分を幸せになる暗示にかけてみます。

たとえば、こんな「開運口ぐせ」があります。

●**OK⇒「すごく幸せ」「素敵!」**
「ありがたいです」「おかげさまです」

「ツイてる」「自分は運がいい」

「人は人、自分は自分」

「これでいい!」


どうしても誰かに対する怒りが収まらないときは、

●**「腹が立ったら10数える」作戦**

「10、9、8、7…1」と、10~1までを数えているうちに、怒りから気を逸らします。

失敗やトラブルにあったら、

●**「これだけで(済んで)よかったぁ」**

逆境でもポジティブに受けるとめることばを呟いてみます。

トラブルも捉え方次第。落ち着くことでピンチがチャンスに変えられるほどの力が出るかもしれませんよ。

口ぐせを変えるだけで、人生運は変わります。

ことばを発した自分も、耳にしたまわりも、前向きな暗示にかかって、暗示が行動をプラスに変え、金運はもちろん、仕事も恋もすべてうまくいく流れに変わってきます。

57 お金のピンチはチャンスに変えられます

成功のターニングポイントは、「ピンチ」にあります。

やりたいことがあっても資金がなくて出来ないとき、じつは仕事では最大のチャンス。少ないお金を有効に使うために、本心で自分がやりたいことに絞られて、目標がシンプルになってきます。

「どうしたら実現できる？」と、不足から工夫も生まれます。いろんな視点で自分を見つめ直し、気づかなかった「新しい自分」を発見する、またとない機会です。

逃げ場がないほどのピンチなら、いっそ勇気をふりしぼって、ピンチのもとをこっちから追っかけてみます。単なる真似でもいいから、逃げずに追っかけてみると、「嫌だなあ」と思っていたことが、それほど嫌でもなくなって、すると解決の道が見えてくることもあります。

資金がたっぷりとあって、すんなりやりたいことが出来たことへは、執着が薄いから、長続きするとは限りません。

ピンチを経験して得た成功は、力強いものです。ピンチから成功したあなたのストーリーは、応援してくれた人たちと共有する体験ともなり、プラスのエネルギーはどんどん増殖します。そうした仕事を継続しているうちに、きっとお金や豊かさに換算されてきます。

また病気やケガをしたとき、不幸なことがあったときも、それまで思い及ばなかったことが、たくさん見えて、大切なことに気づけます。

そんな自分改革のチャンスをものにするコツは、恐怖や罪悪感で行動しないこと。自分に正直に。既成概念にとらわれず、こっちのほうが楽しそうと、喜びあるほうに向かって、思いつくことをやってみます。

種の巻
芽の巻
葉の巻
実の巻

58 これまでのお金の流れを変えてみます

運気の低迷には、銀行を変えてみる手も有効です。

借金の返済に使った銀行。振り込まれていたお給料が安くって、いつも通帳を見ると入っている額にがっかりした記憶のある銀行。それから、取引や行員の対応でイヤな出来事があった銀行などなど。


いま現在、あなたが利用している銀行はどうでしょう？

いい記憶より悪い記憶が思い出される場合は、負の記憶として自分自身にインプットされています。もし取引している銀行で少しでも良くない記憶や印象を持っていたら、思い切って違う銀行に変えてみることです。


新しい銀行に変えることで、新しい流れを再構築します。

銀行を変えることが難しいなら、銀行自体ではなく、ネットでの取引にするとか、支店を変える手もあります。なにかしらルートを変える術で、お金の流れに新鮮な運気を吹き込むのです。

そして金運が下がってきたら、出納をきちんと見直しましょう。当然のことですが、入ってくる分より使う分が多ければ、赤字になります。自分自身の赤字をスルーしながら、一方で運気頼みをする人は、たいてい自分がどれくらい何に使ったかを覚えていません。「記憶にございません」な扱いを受けたお金さんは、戻ってくる気も失せています。

お金さんの出入りを把握し、ちゃんと手もとに残るようにします。それが、そもそもの金運エネルギーの源泉になるものですから。ケチケチするのではなく、「生き金」を使い、「死に金」を止める。期間や目標を立て、〝冬の節約キャンペーン〟など節約に自分が楽しめるお題目をたててみましょう。

59 お財布を紫の色で浄化します

お財布から出てゆくお金さんに対し、入ってくるお金さんが少なくなって、**金運の流れに衰えを感じたときは、お財布自体が疲弊している可能性が多くあります。紫の布（ない場合は、この本の裏表紙・紫の紙で代用）お財布を休ませて、元気をチャージさせてあげましょう**。紫の色は風水で浄化の色といわれているので、休んでいる間も、しっかりと邪気を祓い、悪運を流してくれます。

紫の色で、お財布の浄化&パワーチャージ

①お財布からお金やカード類などすべて取り出し、中身を空っぽにする。
②それから紫の布（なければ、この本の裏表紙・紫の紙）でやさしく包み、いつもの定位置（寝床）に置く。ひと晩ゆっくりと休ませてあげる。
③②のお財布を翌朝布から出し、お金やカード類をもとのように収納して、使う。

※布は紫色ならシルクでも麻、綿でもかまいませんが、自然素材がおすすめ。
※紫の布は使うたびに洗って太陽の光で乾かし、浄化すると、くり返し使えます。
※紫の布がない場合は、この本の裏表紙である紫色の紙を使って。紙より布の方が浄化には向いてますが、布が手に入るまでの代用としてください。

紫色で包む前と後で、お財布はエナジーを宿して、がらりと変わっているはずです。

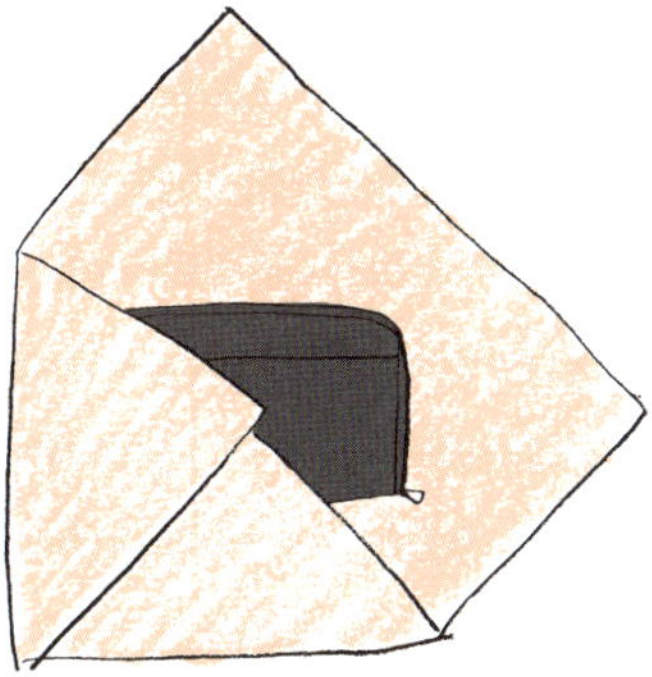

60 新しい財布に変えて、運気を一新します

お財布を使っているときに、「飽きたな」「このお財布が運気を下げてる？」といった、マイナスの感情がわいてきたら、お財布自体の運気修整がしづらくなってきます。

思い切って、お財布を新調することで、お金さんとの新しい運気も開けてきます。

◎**新しいお財布に最初に入れるお金は、すべて新札にします。**
硬貨は新しいのが手に入らないので入れません。
※「お財布を新調する儀式」の丁寧なやり方はP194で詳しく触れています。

◎**カード類にも以前の運気が染みついているので、浄化をしてから新しい財布に入れます。**
※簡単な浄化方法↓小箱やトレイにカードを入れ、一緒にお清めの塩として、粗

塩を包んだ半紙おひねりを入れ、ひと晩置く。

新しいものには、新しい運気が宿っています。
その新しい運気にのっかるためには、これまでに染みついた、古い運気をリセット。すっきり、生まれ変わったお財布のきれいなパワーで、キラキラと清らかな運気を引き寄せます。

61 自分の運気が上がった場所を再訪します

だれでも、自分のことがわからかなくなる時期はあります。そんなときが訪れたら、伸びざかりだった「あの頃」に戻ってみます。

たとえば金運が上がってきたときに住んでいた街、行きつけだったカフェ、一生懸命に、熱い心で過ごした仕事場や遊び場へ、足を運んでみてください。

いまその場所と縁が途切れているようなら、なおのこと。そうした場所は、自分がかつて「運気とつながったアクセススポット」があって、再び訪れることで、場の運気を吸収し、一度切れていた金運につながりやすくなります。

あの頃、どんなことを考えてた？　なにがしたかった？　金運が上がる実力を持っていた自分を思い出し、勇気を取り戻せるはずです。「懐かしいパワーをありがとう」と感謝を増量して訪れましょう。

62 生活が苦しかったときの服や物を手放します

物があふれている家は、「ムダを溜め込んでいる状態＝運気が詰まって、どんどん金運が下がってしまう」と思ってください。**運の詰まりを除くには、「運が悪かったときに買った服や物」などを思い切って処分すること。波動が低いときに引き寄せてしまった物は負のエネルギーがありがち。これらは一気に手放してしまいましょう。**

部屋に長く置きっぱなしの「いつか使う日がくるかも」とキープしている品々とも潔くお別れを。使われずに、ただ置かれているだけの物は、時間が経つとゴミへと劣化します。リサイクルに出せば臨時収入を生みだす可能性もあり、だれかの役に立つでしょうから、物にとってもそのほうがずっと幸せです。

逆に運気が上がっていたときに買った物が備えているプラスのパワーを保つのは「愛おしむこと」。身近において慈しんで使いましょう。

63 黒や紫の服をしばらく着続けてみます

紫は、悪いエネルギーを流してくれる色。黒は、悪い運気を吸収してくれる色です。金運や全体運が悪くなっていると感じる人は、これ以上悪くならないように、悪い運気を除いてくれる、紫か黒の服をしばらく続けて着るとよいでしょう。

同じ服を何度も着ていいのですが、2日続けては着ないように。一度着たら洗濯するか、太陽の光のパワーをあてて、吸収したマイナスのケガレを祓いましょう。制服があるなど、続けて着られない場合には、パジャマや下着の色で取り入れてもOKです。**黒や紫の服を着続けて、「そろそろ明るい、きれいな色が着たいなー」という気分に自然となったらば、そのときが止めどきです。明るい色の服が着たくなった時点で、悪運がとれているのです。**

毎日身ぎれいにしていることは、すべての運を引き上げます。気分の晴れない日には、おしゃれに気あいを入れることで、心をワクワクさせます。心が喜ぶことをすれば、波動は上がって、良い運気を引き寄せます。

高級服の贅沢な装いがいいわけでなく、自分らしいおしゃれを楽しんで。ただし、貧乏臭いのはいけません。だれにも見えないからと、破れた下着を身につけても神さまはご存知ですよ。

64 献血をして、全体運を高めます

献血することは、とびきり高レベルの開運行動になります。

自分のからだの一部を差し出し、社会の役に立つことですから、功徳となってぐんと運気を上げることになります。

そういえば、世界的なサッカー選手で、大金持ちのクリスティアーノ・ロナウド氏も、自分がタトゥーをしない理由を「いつでも子どもたちのために献血するため」と語っているようです。そういう徳を積むことを、積極的にやっていることで、自然と人々の尊敬を集め、さらに彼の運気を押し上げることになるのです。

体調が悪いと、「気」の流れが悪くなりますが、献血することで、新しい血が生み出されることは、自分自身の血の巡りを良くし、運気も活性化します。

気や血や経済は「流れる」「巡る」ということばを使いますが、気が滞ってよどんでくると、金運だけでなく全体運も落ちてしまいます。

65 足もとを温め、冷えをとります

手先、足先、からだが冷えてる原因には、忙しさやイライラのストレスもあり、それは「心の冷え」のあらわれでもあります。

先でも述べましたが、血の巡りが悪くなると「気」の流れが悪くなります。つまり、**冷えは運気の詰まりをからだが感じているサインです**。

冷えがちな足もとを温めると、代謝がよくなってからだのデトックスもはじまりますが、怒りや悲しみなど負の感情が去って、気持ちがぬくぬくに。とくに女性は、心の安定を実感する人が多いようです。天然素材のソックスを重ね履きしたり、足湯や湯たんぽを使うなど、「冷えとり健康法」はブームにもなっているので、温める方法はいろいろ。自分にあって、楽しめそうなスタイルを試してみて。

66 邪気を祓うものを食べてみます

不調を感じたら、からだに溜まった悪い「気」をデトックスしてくれる食材を料理に使って、おいしく食べてみましょう。たとえばコンニャクや小豆があります。

コンニャクは土がついたら簡単に取れないほど、吸着力が強い食材だそう。それで昔の人は体内に溜まった砂（悪い気）を出すために、コンニャク料理を食して、おなかの中を掃除。からだの「砂祓い」とも称されていたとかで、とくに大晦日や節分に食べる地方もあったそう。

日本では「赤」は邪気を祓う色。古くから「小豆の赤いつぶつぶは魔除け」といわれてきました。食すると疫病にかからないというい伝えがあり、体調が良くないとき、悪いことが続くときには、小豆粥にして食べられてきました。

67 身のまわりの物を磨いてみます

気分が暗くなって、心にフィルターがかかったみたいにモヤモヤしたら、家にある物を磨きまくってみましょう。磨けば光る、ガラスコップや窓ガラス、携帯やパソコンの画面など身近な物から。きゅきゅっと磨き上げ、ピカピカときれいになると、自分の心もピカピカになってくるから、ふしぎです。

単純なやり方ですが、自分の手を動かして、短時間で見違えるほどピカピカになった物を目の前にしていると、気持ちもすっきりピカピカに。モヤモヤ度が濃くって磨き足りなければ、家じゅうの窓を拭いて、ピカピカにしてもいいんですよ。

きれいな空間はそれ自体が開運スポット。神さまは清浄な空間を好まれます。

68 落ち込んだときは得意なことをやってみます

「自分ってダメだなー」なんて失敗して落ち込んだり、ちょっとした誰かのことばに、傷ついたり。心がしょぼんとヘコんでしまったら、自分の得意なこと、好きなことをやってみます。

たとえば料理好きなら、十八番のメニューつくってみる。歌が得意なら歌ってみたり、絵が好きな人は描いてみたり。ＤＩＹやガーデニング、窓拭きやお化粧でも。とにかく、心を空っぽにしてやれることをやってみます。

得意なことや好きなことをやっていると、「自分はちゃんとやれる」「これをすると楽しめる」記憶に励まされて、自信を回復し、気分が明るい方向へ。**失意から、いち早く脱出する。それは運気をキープする一つの技術です**。

69 澄んだ高い音色で空間を浄化します

生活空間の浄化を簡単にしてくれるのが、ドアチャイムやウィンドチャイム、風鈴など、高い音色がするインテリアアイテム。**チリーンチリーンと、ドアの開閉や窓からの風に揺られて、涼やかに響く清らかな音が、気づかぬうちに溜まった気の詰まりをさらさらと流してくれます**。

鈴や、テンシャ（仏具で「チベッタンシンバル」とも呼ばれます）などを、自分自身で音を鳴らして、浄化アイテムとして取り入れても良いです。聖なる音色が響いていると、ざっとしていた部屋の空気が清々しく整い、次第によどみやケガレも吹き飛んでゆきます。

高い音色は脳をリラックスさせてくれる効果があります。そのため高い音色を集めた瞑想ミュージックのCDをかけ、マインドフルネス（心のエクササイズ）に活用する人も多いようです。

70 部屋の換気をよくします

どことなく判断力が鈍っていて、迷いが多く、それが運気の低迷につながっていそうだったら、部屋の中を点検してみましょう。

散らかっていたり、幸運を遠ざけるアイテムが飾られているのかもしれません。たとえば、本やバッグ、脱いだ服など、床にたくさんのものを散らばらせる人は、考えがまとまりづらいもの。花や植木を枯れたままにしておくのは不運のもとです。

トイレは金運と直結しているので出来る限り窓を開けるか、換気扇をまわしてください。嫌なことがあったときはトイレでラベンダーのアロマを使用してみて。アロマスプレーでも、焚いてもOKです。**ラベンダーの香りや色は浄化力が高く、自分の持っている悪いエネルギーを流してくれるのです**。

71 部屋、おなか、心に、余白を持ちます

自分のプライベートな部屋や机の上を、いつも風通しを良くしておきます。あらゆるものがあふれかえっている空間にいると、途方にくれて、精神的に身動きがとりづらくなってきます。

部屋や机の上にしても物で満たしてしまうと、「なにか」をする空間がなくなってしまいます。「引きこもり」状態になった人たちの部屋は、たいてい物にうずまっています。物が散乱しているネガティブなオーラに、エネルギーを吸い取られてしまい、いい運気の流れに巡り合っても、軽やかに動けなくなります。

おなかの中もそうです。おいしい物を食べても、腹8分目で止めて、胃袋に余白を少しだけ残しておきます。すると、後からおいしい物がきても受け入れられますが、

おなかがいっぱい過ぎると、美味への感度が鈍ってしまいます。

机や部屋、おなかの中、自分の心の中。なんにつけ、物でパンパンに満たされ過ぎていると、新しいことや楽しいことの入る余地がありません。

いつもちょっとの余白をキープしておく——そこから、心のゆとりが生まれるわけです。ゆとりのある人は運気の流れに無理がなく、いつも心地良く安定しています。

物を持ち過ぎたり、食べ過ぎたりしたら、「ちょっとの余白」を意識して調整してください。

コラム④ 日本の歳時、神仏の助け

わたしは昔ながらの旧暦の歳時に、できるだけ親しんで暮らしています。

そもそも旧暦は、季節の中にあらわれる現象や営みのつながりから、そのとき最善の行動や必要なものを示す情報が組み込まれているもの。生活しながら無理なく運気を上げる知恵の暦ともいえます。

正直をいうと、リーディング（天からのメッセージを受け取る力）が開花する以前、わたしは目に見えないスピリチュアルといったジャンルが、とても苦手でした。嘘くさいなぁと、ひどくうさんくさく思っていたのです（苦笑）。

ですが授かった能力を活かして世の中の役に立ちたいという意識が芽生えてから、運気や波動の巡りなど、いろいろ学びを得てみると、昔ながらの日本の暮らしの歳時、しきたりに、開運&浄化メソッドがたっぷり詰まっていることがわかってきたのです。

新しい神様のご神徳を授かったり、ご先祖様の徳やパワーを受けとったり、邪気を祓ったり、季節のパワーを取り込んだり。運気を巡るアクションの日を知る暦は、「毎日をより良く生きたい」という今も昔も変わらない人々の願いの形とも、見て取れます。そう思うと、変ないい方ですが、スピリチュアルといったものが、すんなりと自分の一部として理解できるようにも思えました。

先人の知恵が詰まった暮らしの歳時やしきたりを、わたし自身がごく自然と覚えることができているのは、家庭で実践してくれていた祖母のおかげです。祖母が季節の行事ごとにおこなっていたことすべてに意味があり、開運につながっていたんだと、いまになってしみじみ思います。

スピリチュアルが苦手な人も、日本の暮らしの知恵の一つとして歳時や神仏の見守りから、開運&浄化を取り入れることができたら気楽では？　ヒントとして、祖母から教わったことをエピソードを交えながら次にご紹介します。

無理なく楽しむ歳時で、開運の積み立て

春の桃の節句、ご先祖を供養するお彼岸、七夕や十五夜のお月見、お正月などなど。家の飾りに手をかけたり、食卓に歳時にまつわる料理を供したりすることは、開運を狙った特別なことでなく、祖母が当たり前にやってきたことの延長線上の心がけがほとんど。

たとえば祖母の「お年越え」(「お正月迎え」ともいいます)は暦にあわせて、しめ縄を飾り、神棚のお札を新しくして。お正月花を飾り、鏡餅を飾り、床の間の掛け軸をおめでたい絵図に掛けかえる……。そんな一つ一つの行いに、一年の負を浄化し、新たな年の神さまを迎える意味があることで、その一つ一つの行いが開運の積み立てをしたのではないかと思います。日常に自然と取り入れやすく、運気の土台になる生活が整うことも嬉しいことです。

旧暦で気をつけている節目

祖母が行ってきた旧暦の節目から、わたしは浄化の節目も意識するようになりました。以下は一年の暦で欠かさない節目です。

【五節句】

節句の「節」とは季節の変わり目の意。節句とは、季節の節目に豊穣や子孫繁栄を願い、神さまへお供えものをして、ケガレを祓っています。1月7日の七草の節句、3月3日の桃の節句、5月5日の菖蒲の節句、7月7日の七夕、9月9日の菊の節句、この5つが一年の節目、五節句です。

【大祓え】

「大祓え」は、日常生活の中の、ケガレを祓って、枯れてきたエネルギーを取り戻す節目です。6月30日の「夏越しの大祓え」と12月31日の「年越しの大祓え」の年2回に神社へ足を運び、半年分のケガレを浄化し、清々しい気を取り戻します。

※お日柄（P178）や、わたしは風水も好きなので二十四節気や雑節にまつわる行事も楽しみながら暮らしに組み込んでいます。旧暦の行事で、自然と旬パワーを補充して、四季の美しさに心が弾むと、自分のエネルギーも高まります。

神仏の見守り、因果応報

この世は「自力」と「他力」があります。「自力」は字のごとく自分の努力です。「他力」は見えない力。神仏のパワーや運やゲン担ぎなどは、わたしたちの行いを見守り、運気を後押ししてくれる見えない他力パワーの最たるものです。

また神さまの導きといえば「因果応報」。あるとき、近所の氏神さまできれいな石(玉砂利)を拾って帰って来て、祖母から「神さまはしゃべらなくてもちゃんと見てるよ。人さまのものを勝手に持って来たら泥棒よ。貰っていきます、っていっておいで」といわれたのです。でも神社に返さずに、そのまま石を持っていました。するとその夜頭が痛くなってしまって、「ほら、神さまは怒っているのかもね」と祖母にたしなめられ、たいそう後悔したことがありました。以来わたしは「隠れて悪いことをしていれば、神さまは見ていて必ずバチが当たる」と、肝に銘じて生きてきました。スピリチュアル的には、バチでなく悪いことをすれば悪いことが返ってくる「因果応報の法則」。これは普遍の真実です!

ご先祖さまに願う

毎年暮れ近くになると、祖母から手伝ってといわれていたのがお仏壇の仏具磨きです。今思えば一年に一度くらいゆっくりと仏さま（ご先祖さま）に関わって欲しいと、祖母は思っていたのかもしれません。祖母と一緒に縁側に仏具を広げて、真冬の日差しに包まれて磨きました。そんなとき、ご先祖さまにお願いごとをすると叶えてくれるよと、祖母が教えてくれました。

どうして？　と聞き返すと、「わたしがひろみちゃんを大事に思うのと同じで、ご先祖さまはみんな子孫のことを大事に思っているから、願いを叶えてくれるのよ」と教えてくれました。

いま、わたしは神さまや仏さまには、自分の願いごとをすることはほぼありませんが、ご先祖さまには、必ずお願いをしてます。祖母がいう通り、子孫繁栄を願わないご先祖さまはいないのですから。もちろん内容によりけりでしょうが、ご先祖さまも喜べる願いごとならば、きっとフォローしてくれると思っています。

実の巻

自然パワーで運気アップ

人生を輝かせる作法

72 旧暦に親しみ、「お日柄」を選んで運気を上げます

運気の巡りが安定している人は、旧暦を上手に使っている人が少なくありません。なにしろ昔の人から受け継いだ旧暦は、千年もの長いときをかけた経験則の集大成。兆し、気配といった目には見えない自然が示唆する情報を、暮らしに活かして行動し、着実に運を上げていきます。

新暦のカレンダーのすみっこにも、大安や仏滅などの「六曜（ろくよう）」や立春や夏至などの「二十四節気」などが記され、どちらかといえばなじみやすいものだと思います。

とくに金運アップには「お日柄」を選ぶ「選日（せんび）」。迷ったりがんばりたいとき、暦の「お日柄」から吉凶のヒントを得て、より良いアクションの日を選んでみてください。

「お日柄選び」のヒント

選日…彼岸、土用などもこのカテゴリーで、その日の吉凶を判断に数百もの選日が考え出されています。なかでも金運について吉日を選びたいとき、意識しておきたいのが次の2つです。

◎一粒万倍日（いちりゅうまんばいび）…一粒の種を蒔くと万倍にも実を結ぶ意で、投資や開店、行動を起こすに吉。

◎己巳（つちのとみ）…弁財天さまとご縁のある日で、金運・財運にまつわる吉日。お財布の新調、宝くじの購入にも吉。

73 神さまに会いに行くのを習慣にします

古今のお金持ち、成功者の多くが、日頃から神社へお参りする習慣を持っています。

なぜ神社に通うのか？

それはお詣りすることで、良き方向に進むことを体感しているからです。良い「気」の流れを絶やさないためでもありますし、清々しいエネルギーみなぎる神社の空気で心身を浄化し、心のブレを整えているからです。これが結果的に運気アップにつながるのです。

経営者の方々も、どんなに忙しくても神社へ足しげく通って、神さまと向き合い、感謝したり日々の報告をしたり、「神さまと定期的に関わること」をしている人は少なくありません。

わたし自身もこの10年余り、雨でも雪でも月一度の神社参拝は欠かしていません。

日本各地に、開運の評判が高い神社仏閣がさまざまにあります。調べてみて自分の住んでいる地域に近いところなら、実際に足を運んで波動を感じてみてください。「なんだかここにいると気持ちがやすらぐ」ならば、ぜひあなたの運を見守ってくださる神さまとして、定期的に参拝すると神さまとのご神縁が深まります。

その際、次の「参拝の心がまえ」をちょっと頭の片隅に留めおいてください。

神社参拝の心がまえ

◎基本としてお参りは、神さまへの「感謝」からはじまります。そもそも神社を「お願いごとの場所」と勘違いしては神さまに失礼なこと。困ったときだけ運気アップのお願いをしても、スルーされてしまいます。

一番は、「日々穏やかに暮らせることへの感謝」をお伝えすることと心得て。

◉日頃の感謝をお伝えした上で、その神社に祀られている神さまのご神徳を授かれる願いごとをします。

たとえば金運に良い「銭洗弁財天」さまでは感謝を伝えた後に、「お金さんの力で、自分もまわりも幸せにしたいので、どうかお金を授けてください」といった願いはOK。自分だけの私利私欲ではなく、人のため世のためにお金を使うという願いごとならば、神さまに通じます。

◉願いごとが叶っても叶わなくても、お礼参りは忘れずに。次のご神徳を授かれなくなります。遠方でむずかしい場合は、かならず心を込めて感謝の念を送りましょう。

74 神社へ出かけて、種銭を授かります

お財布に入れる種銭の効用については、先の「種銭を入れる（P68）」でも触れていますが、**より運気を高めるために、自ら神社へ足を運んで、種銭を授かります。金運アップで評判の神社だけでなく、全体運をつなげてくださるご縁の神さま、たとえば大国主命さま、大黒さまが祀られている神社に参拝し、種銭を授かり、開運と金運をセットでお願いしてみるのがおすすめです。**

種銭の授かり方

①種銭をつくりに足を運ぶ神社を選ぶ。
②アクションの日を選ぶ。
種銭をつくりに神社へ出向くなら「巳の日」。財運をつかさどる弁財天さまに遣えるのがヘビであることから、巳の日に行くと、お遣いのヘビを通じて弁財天さまに伝わ

りやすく、ご利益を授かりやすいといわれている。

③五円玉を持参し、参拝。その後、五円玉をお手水で清めて持ち帰る。紙に包んでお財布に入れる。

※神社によっては種銭用の指定された水場があります。伊勢神宮では、近くに流れる五十鈴川、道開きの神さま・椿大社では「叶いの滝」といった場所で洗います。

④神社で清めた五円玉は、硬貨の穴に赤い紐（毛糸など）を通すか、または和紙に包んでから、お財布の中の決めた場所へ入れる。

75 「道開きの神さま」をたずねてみます

運気が止まったと感じたとき、もうひと山超えたいとき、「道開きの神さま」として知られる、「猿田彦大神（さるたひこおおがみ）」さまが祀られている神社へ足を向けてみましょう。

そもそも猿田彦大神さまとは、天照大神さまの道案内をされた「道開きの神さま」であって、方位の神さまでもあります。願いごとを良い方向へ導いてくださる御利益があるとされています。新しいことをしたいとき、いまの現状をどうにか変えたいと思っている人がお参りすると、なにかしらパワーを授けくださるといわれています。

全国に2000社余り、猿田彦大神さまを祀る神社があります。ご近所にある猿田彦大神さまを調べて参拝してみくださ い。有名なのは、次の2ヶ所です。

◉伊勢神宮の近くにある、三重県伊勢市にある猿田彦神社。

◉三重県鈴鹿市にある椿大神社（つばきおおかみやしろ）。

その他おすすめの開運スポット

◉山梨県の「新屋山神社」／奈良県の「天河神社」／岐阜県の「金山毘古神」／宮城県の「黄金山神社」／全国各地にある「銭洗弁天」

76 お金さんとご縁を強くする「出雲大社」へ、大出費には「信貴山朝護孫子寺」へ

出雲大社の御祭神さまは、大国主命さまで、その縁結びパワーは別格です。金運じゃないのに？　と思われるでしょうが、「縁を結ぶ」は、すべてにつながる御利益です。仕事や恋愛から派生して、人生のお金は人間関係で運ばれるものであり、神さまとご縁をつなぐ意味もあります。

出雲の神さま、大国主命さまは、地元では「大黒さま」と親しまれており、「因幡の白兎」を助けてあげたやさしい神さまとして知られています。この大黒さまは、ビジネス、恋愛、家族、すべてのご縁をつないで結んでくださる神さまで、「幸福のご縁」のご利益、すなわち金運もスーパーパワフルといえます。

出雲では旧暦の10月は、「神在月（かみありづき）」といって、全国の神さまが出雲大社の大国主命さまのもとに集まって縁結び会議を行うとされています。できること

なら、この神在月に足を運んでみてください。

大きなお金を投じるとき——留学や旅行、独立、家の購入など——そういう機にご参拝しておくとよいといわれているのが、奈良県にある「信貴山 朝護孫子寺」です。

ここのご本尊・毘沙門さまは、「開運出世、財宝金銭授与、商売繁盛」の御利益がクローズアップされているところ。毘沙門さまが出現したのが、寅の年、寅の日、寅の刻だったとされる逸話もあって、敷地内にはあちこちに寅のオブジェがあり、「寅のお寺さん」として知られていています。「虎は三千里進んでも、ちゃんと元に戻ってくる」いわれがあり、それでお金も使ってても戻ってくると信じられているよう。ちなみに風水では、新春を過ぎてはじめての寅の日に財布をおろすといいといわれています。

77 「金毒」を流す、浄化した湯を飲みます

「金毒」は「ごんどく」と読み、ひとことでいえば、お金についているマイナスの気です。このマイナスの金毒は、風邪のウィルスのようなもので、金毒に冒されたお金を手もとに溜め込んでいると、他のお金さんが寄りつかなくなってしまうことに。お金さんに嫌われてしまうと、金運はたちまち下がってしまいます。

豊かな運気の流れを継続させるには、この「金毒」を溜めない体質になっておくこと。おすすめのお手当は2つ。一つは満月パワーで浄化した「満月水」を飲むことで、これについてはP201でお話しします。ここではもう一つの、**浄化の白湯**をご紹介します。金運の不調を感じかけたら、すぐやってみてください。

金毒を浄化する白湯のつくり方

①「金」は「火」で溶かすことが出来るので、水を火にかけ、ぐつぐつお湯を沸かす（この場合、ＩＨはＮＧ）。最低５分は沸騰させて火を止める。

②①の湯をカップに注ぎ、耳かきひと匙分の粗塩を加え、よく混ぜて、完成。あたたかいまま飲んでも、冷まして飲んでもＯＫ。

※できれば、金属製のやかん（金）で、ミネラルウォーター（水）をガスコンロ（火）で沸かし、陶器など土ものの器（土）に注ぎ、塩を入れてかき混ぜるのは木製スプーン（木）を使ってこしらえた白湯は格別。金、水、火、土、木と「五行（中国の森羅万象に関わる考え方）」のすべての要素を取り入れるので、エネルギーが完全に調和して、より高い効果を発揮します。

78 波動の高い水で、顔や髪を洗って浄化&チャージします

キレイな水は、運気を浄化して、のびやかに育みます。

からだの中へ取り入れる「水」を、ときにエネルギーの高いものを使うと、ぐぐっと運気が元気になっていくことがあります。

簡単で、即効性を感じるのが「新月水」（P200）と「満月水」（P201）です。新月水か満月水を、ガラスのボウル（またはボトル）にたっぷりと注ぎ入れ、その中に金運に効くといわれている天然石、たとえばタイガーアイやルチルクォーツを入れます。3時間ほど置いたら、その水で顔やからだを洗ってください。

髪のシャンプーには、最後のすすぎでこの水を使います。とくに髪には、不浄なものが溜まりやすい（ゆえに仏道は坊主）とされているので、「浄化トリートメント」のように清める意識で使ってみてください。

からだを洗う、髪を洗う。そんな日常生活に、月のパワーをたたえた波動の高い水をごく普通に使うことで、皮膚に吸収され、細胞レベルで運気を取り込むことに。新しい運気が体内に染み込んで、力強いエネルギーを実感できるはずです。

79 新しいお財布を手に入れたら、新調の儀式をします

新品のお財布は使う前に、そのお財布がたどってきた記憶、残留思念をしっかり浄化する儀式をします。自分という持ち主とお財布が親しく通じれば、運気が巡りやすいものに。あたたかなプラスの気を送りながらおこなってください。

お財布を新調する儀式

①運気のいい日の夜（新月や、巳の日、一粒万倍日、大安など、自分が信じているお日柄でOK）に実施。新しいお財布を屋外に出し、お財布の中まで、いい気が入り込むようにする。

②①のお財布を半紙に包む。お財布すべてをカバーしたいので、一枚で足りない場合は半紙を数枚使って包む。テープ類は使わない。

③包んだお財布を、家の北側のクローゼットや引き出しに入れる。他の物は一時的に取り出し、きれいに掃除したスペースの真ん中にお財布を置く。お財布の四隅に、半紙に粗塩を包んだおひねりを4個置く。最低3日、暗い中で安置したら、浄化完了。

④浄化後のお財布に、新札のお金さんを数枚入れ、再度②③の要領で半紙に包み、引き出しに安置し、※プログラミングする。

※プログラミングとはお財布に心地いい環境を覚えてもらう、初期設定のこと。最初に入れた新札の枚数が基本になり、お札が減ってくると、お金さんが仲間を呼んでくれます。お札の枚数が肝心で、札束だとお財布がパンパンで苦しがりますが、少なすぎるとそれ以上は入ってこないので、少し多めがいい。

⑤使いはじめたい日の夜に、④のお財布を取り出す。使った半紙は感謝して破棄。塩もトイレや洗面所などに感謝して流す。浄化しておいた、普段使いの紙幣、硬貨、カード類をお財布に入れて、セット完了（プログラミングの新札はお財布の「ゆとり金（P64）」にしてもいい）。

80 支払いは満月から新月の間にします

月のリズムを味方につけて、お金さんを動かすことで、金運がスムーズに進みやすくなります。

新月から満月になり、また次の新月へ。満ち欠けのサイクルがあり、そのときどきの月の変化に伴ってエネルギーも変わってきます。

新月と満月では、金運の流れの勢いは違ってきます。同じお金を動かすにも、追い風でやるのか、向かい風で進むかの違いともいえます。

月のパワーの違いをうまく使って、お金さんとの仲を盛り上げていく作戦が有効です。まず基本の支払いと積み立て、この2点に最適な時期は次の通りです。月のリズムをつかんでお金さんのスケジュールに無理なく取り入れてみて。

月のリズムで動かす　お金さんルール

◎支払い……お金を払うことはマイナスなので、満月から新月へ向かう、月が欠けていく時期が向いています。

◎積み立て貯金、投資など……お金を増やすのは、新月から満月へ向かう、月が満ちていく時期が向いています。

※月の満ち欠けのパワーについてはＰ１３４をご参考にしてください。

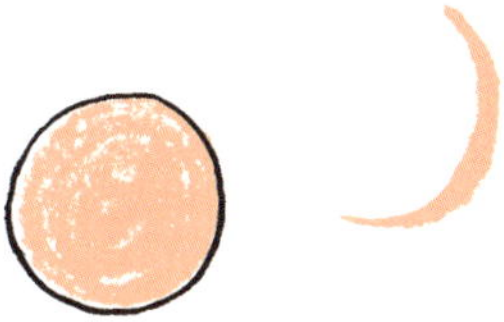

81 満月の夜に、お金さんを浄化します

満月の夜は浄化デーです。満ちた月のパワーで、浄化したキラキラのお金さんを持つと、つねにキラキラのお金さんが集まってきます。お金さんのたどってきた経路によっては、悪い心を持った人が触れた残留思念がお金さんに残り、ふとしたときに運気を妨げます。目に見えないところにはびこる負のエネルギーも、満月パワーで浄化すると、すっかり再生できます。

満月の夜にお金さんを浄化する方法

硬貨を浄化します

①満月の夜に、水を張ったボウルに粗塩を少量よく溶かし、手もとの硬貨をすべて投入（さらにわたしは浄化にいいとされるティートリーのアロマオイルを一滴垂らす）。

②硬貨を入れたそのボウルをベランダなど外にひと晩置く。

③翌朝、ボウルをざるに上げ、硬貨を流水でざっと洗い、布で水気を拭き取る。乾いたら、お財布に入れてＯＫ。

紙幣を浄化します

水洗いはできないので、満月の夜、外気に触れるように紙幣をパタパタと振り、お札一枚一枚に満月パワーを吸収させる。その後、適当な大きさの箱にいま手もとにある紙幣をすべて入れる。粗塩を包んでひねった半紙を１個一緒に入れる。ひと晩置くと浄化完了。翌朝、お財布に入れてＯＫ。

カード類を浄化します

カードは水気や塩分、油分で使えなくなるので、空間で浄化。小箱にカードを入れ、粗塩を包んだ半紙おひねり１個一緒に入れる。ひと晩置くと浄化完了。

※包んだお塩は邪気を取ってくれたと感謝してトイレや洗面所に流します。

※お財布も「お財布フリフリ」で浄化（Ｐ１２８）しておくとベスト。

82 新しい運気の流れをつくる「新月水」を飲みます

新月はこれから満月に向かっていくゼロの日。この日に新しいことを始めると運気の流れにすいすい乗ることができます。そのパワーを授けてくれるのが、「新月水」。つくり方は次の要領です。

新月水のつくり方

①新月の夜に、ミネラルウォーターを透明またはブルーのグラスに入れる。
②ホコリが入らないようにグラスの上にガーゼを掛けて、外へ出しておく。
③3時間くらい経ったら、「新月水」の完成。

新月の波動を吸収した新月水は、早くゴールに近づけるパワーを帯びた水。落ち着いた場所で豊かな自分をイメージしながらゆっくりと飲んで。月光浴をしながら飲めば、なお効果的です。

83 月の強いエネルギーを取り入れた「満月水」を飲みます

満月は浄化や完成を意味する日。この日に日々溜まっていく「金毒」を排出して金運のデトックスします。そのパワーを授けてくれるのが「満月水」。つくり方は新月水と同じ要領(右ページ)です。

満月水のつくり方

①満月の夜に、ミネラルウォーターを透明またはブルーのグラスに入れる。
②ホコリが入らないようにグラスの上にガーゼを掛けて、外へ出しておく。
③3時間くらい経ったら、「満月水」の完成。

満月の波動をたっぷり吸収した満月水を飲むときは、いまあるお金さんと、その恵みに感謝の念をもって飲んで。現在が希望する豊かな生活でなくても、現状をありがたいと思うことが、次のステップアップにつながります。

84 新月に調香する「金運アロマスプレー」で浄化します

柑橘系の爽やかなアロマは、金運アップに良いとされる香り。お金さんやお財布をいつでも心地よく浄化できる「金運アロマスプレー」を、自家製でつくってみましょう。

金運アロマスプレーのつくり方

◉アロマスプレー（30㎖の場合）

柑橘系の精油・12滴と無水エタノール・10㎖を混ぜあわせた後、精製水・20㎖を加えてよく混ぜて完成。使用期限は1ヶ月半ほど。

※柑橘系の精油でわたしの愛用は、柚子、ベルガモット、マンダリンです。

※使用期限を過ぎたものは精製水が劣化し水が腐ります。腐った水をスプレーに使ってしまうと運気が下がります。

※スプレーするとき目に入らないように注意してください。

金運アロマスプレーの浄化

◉硬貨に使う場合

新月の夜に取り出し、金運アロマスプレーを振りかけ、ティッシュで拭いてお財布に戻します。硬貨を拭くときは、「お金さんのからだの疲れを拭いてきれいにしてあげる」イメージでやってください。いろんな汚れを拭き取ってもらってリフレッシュされてうれしくなったお金さんは、出ていった先でお金仲間に「あの人のところは気持ち良くいられる」と伝え、お金さんが集まってきます。

◉紙幣に使う場合

同じく新月の夜ですが、紙幣には間接的に。硬貨と違って、お札は紙なので直接アロマスプレーをかけると、ふにゃふにゃに濡れるのでイヤがられます。金運アロマスプレーをたっぷり染み込ませたティッシュを紙幣の上でフリフリ振って、ふんわりいい香りをお札さんに嗅がせてあげます。お札さんも喜び、仲間を連れてきてくれます。

85 新月の日に宇宙に領収書をきります

願いごとが叶ったように行動することで現実世界もその方向へ誘われる――アファメーションの新月アレンジ版です。

新月の夜につづる、領収書の書き方は、たとえばこんなふう。

いま自分が欲しいだけの金額を記載して、領収書の宛名は「宇宙」とします。但し書きは自由で、たとえば「たくさんの人を幸せにした代」とか。リアル感のある願いが大切で、ただ書いた金額が最高額になるので、リアルでありつつ高めの設定が良いでしょう。このアファメーションで、欲しい金額を先に領収書に記載することでこの先、満月に向かって、その金額が手に入るように現実が動きます。

宇宙さん、すなわち天の神さまに対して、「叶えてくれて、ありがとうございます」といった意味での領収書ですが、一見怪しげな行動?と思われるかもしれません（苦笑）。でも、これは金運アップへのかなりわくわくするチャンスプランです。

禁じ手は、「もしダメだったら」「どうせ叶わない」といったネガティブな感情。少しでもマイナスの波動が入ると、マイナスのパワーはとても強いので、天にお願いした金額をすべて打ち消してしまいます。せっかくのチャンスを自分の気持ちで減らすなんて、もったいないこと。叶わない心配より、叶って幸せ！　な気持ちが上回るように意識してください。

新月の夜はピュアな心持ちで――。天が届けてくれるお金へ感謝して領収書を発行してくださいね。

86 折りにふれ、自然にさわります

わたしたち人間も自然の一部です。自然豊かな地を訪れ、五感を放つことで、その土地のみなぎるエネルギーに調和して、生きるパワーを充電することができます。

熊野や屋久島といった、手つかずの大自然が広がる聖地を旅して、強いパワーをいただくのは特別に素敵なことです。でもそれほど遠くなくても、思い立ってふと行ける、美しい山や森、自然公園や田園、温泉でもいいのです。自然の気配を心地良く感じられる「自分にとってのパワースポット」へ出かけ、逞しい木によりそったりほっこりした土の上を歩いたり、澄んだ水に手を浸してみます。深呼吸をして、緑の匂いをかぎ、せせらぎに耳をかたむけてみます。

わたしたちの生活は便利さが進むほど、携帯やパソコンなどコンピューターに触れる機会に比べ、自然の「気」の巡りからどんどん遠ざかっています。

自然の「気」に直接さわること。肌や耳や鼻を使って感じとる、生き物としてのアンテナを磨いておくことが、つねに運気の巡りをよくする一番の習慣。自然のいい気でいつも満たされれば波動が高くなり、あなた自身がパワースポットになって、まわりの人たちをも癒す存在になれるはずです。

パワーチャージに向いた自然環境

◉**人工物が少ないところ／緑豊かなところ／大きな樹があるところ／水がきれいなところ／雑音がしないところ／満天の星空が見えるところ**

87 出会いの神秘、ふしぎな力を認めます

人には2通りあって、ふしぎなことに出会ったとき、おもしろく思える人と、ふしぎを頭っから認めない人がいます。この本では、波動や運気、お金の流れといった、目に見えないお話をしていますが、すでに運気が上がった人たちは、その「運」や「ツキ」といったふしぎな巡りあわせによる恩恵をすでに感じてとっているでしょう。

合理的なことが優先されるいまの時代は、科学的な説明がつかないものは信じないという人もいますが、否定的に捉えた途端に、イメージは広がりはしません。「もしかしたら、そんなこともアリかも」と思うだけで、ワクワクする。それだけで可能性は広がりを持ちます。

自分の心にふしぎな力を「受け入れる」スペースを持っておきましょう。

ふしぎなことが自分におこったとき、「こんなことがおこるなんて！」と好奇心で受け止めた途端、心の「ルンルン」スイッチが入り波動が上がって、運気は豊かに変わってゆきます。

人との出会いは、ふしぎの最たるもの。なぜか偶然が重なったり、なにかピンと引っかかる。そんな出会いは、あなたが天からのギフトを受け止めている合図です。いまの自分に必要だから出会っているものと、頭で考えずに受け入れてみてください。受け入れているうちに、「引き寄せ」よりも、もっと自然の流れ、「受け入れ」の力をつけていくことができてきます。

受け入れた楽しみや喜びを、まわりのみんなにシェアする。そんなうれしい役割も生まれてきます。

88 自分自身の陰と陽のバランスをいつも心地よく

わたしたちをとりまくあらゆる世界は、「陰と陽」で成り立っています。この世に生きている限り、仕事も恋愛も金運にも、陰があり陽があって、そのバランスを整えることで、自然にすべての運気が上がっていきます。

たとえば他人と接する機会が多い人は、どうしても明るくふるまって、陽の気が多くなります。その一方、締め切った環境で他人と接しない仕事をする人は、陰の気が多くなります。そうした場合は、仕事以外の場所で反対の気を補充するようにしましょう。陽の気が多い人は少し落ち着いた色あいの部屋で過ごしたり、陰の気が多い人は明るい場所に出かけていったりします。

陰が重くなれば陽を足し、陽が重くなれば陰を足し――と、イメージとしてはシー

ソーのように、陰陽のバランスをとる行動していると、対極のものは常に助け合いもするものだと実感します。欠点は魅力ともなり、苦手は得手に、また失敗は成功につながっていると気づきます。

陰陽のバランスに気をつけていると、自分を客観的に見ることにもなり、いつの間にか視野がフラットに、自分へも、まわりへも寛容でいることができます。

自分にとって「ちょうどよい」バランスを求めていくことは、幸せで運気のいい状態がしっかり身につく、最強の方法と思えるはずです。

どんぐりの種が大樹になるには
最初に種を蒔いたかどうかです。
大樹になるのに、魔法を使うわけではありません。
魔法でも奇跡でさえもなく
大地に種を蒔くことからはじまります。
一粒の種から、芽ぶき葉を伸ばし、花を咲かせ実が成り——
運気の恵みも、等しく、自然の流れの中にあります。

この本に書きしるした88の金運の種は
いくつ蒔いても、いつから蒔いてもいいものです。
どうか、豊かな人生の実りがありますように。

おわりに――喜びをシェアして

あなたはなぜお金が欲しいの？
幸せになりたいから――おおよそ、答えはここに行き着くはずです。

人は、本来幸せになるために生まれてきています。
お金持ち＝幸せでは決してありませんが、少なくとも幸せなら、
お金がないことをいつも気にしたり、うらやんだりすることはありません。

からだが健やかで、食べたいものを食べておいしくて、
きれいなものを愛でて、楽しい人、物との出会いにときめいて、
まわりの大事な人たちと一緒に楽しく暮らせて。
なんとなく調子がいい日々――。

これがわたしが思う、お金といい関係にある幸せです。

そう、欲しいのは、人生を豊かに満たしてくれるお金さん。
自分と大事な人たちが幸せでいられるために
ささやかな習慣で金運を上げたり、金運のプチ不調を改善する手がかりなど
お金さんと仲良くできる知恵を知っているときっと楽しくなる。
そんな軽やかな感じで、金運の作法を暮らしに役立ててもらいたくて
取り入れやすいことを集めて、この本をつくりました。

この本は〈種の巻〉〈芽の巻〉〈葉の巻〉〈実の巻〉と
大きく4つの章に分かれています。
スピリチュアルになじみのない人も入りやすいように、
〈種の巻〉〈芽の巻〉〈葉の巻〉と3章まで、本の大部分は、
読んで、すぐにできる、簡単で習慣にしやすいものです。
〈実の巻〉には、神仏や月の満ち欠けのパワーなど、

目に見えない力とつながって意識レベルで
幸運を引き寄せるコツを少しご紹介しています。

運気や流れや、波動や引き寄せ……。
目に見えないスピリチュアルな世界についての理解は人ぞれぞれ。
わたしも最初は苦手でなじめないなと思っていました。

わたしの場合、理解の手助けになったのは、祖母の存在が大きくあります。
運命学や金運、風水のことなどを勉強するほどに、祖母から受け継いできた
昔の人たちが当たり前にやってきた日常的な習慣にハッとしました。

祖母はよく「先さまの気持ちを考えて」といってました。
「先さま」とは、相手、自分を取り巻くもの。人だけでなく物のことも、
「万物すべてに心がある」と祖母はいい含んで教えてくれました。
お金さんへのあつかい方も同じ。お金を投げたり畳にじかに置いたりすると

「お金さんが嫌がって逃げちゃうよ」とたしなめられたものです。
「開運」「運気」などのことばを祖母は使いませんでしたが、
まわりの物、人との和合の意識こそが幸運を引き寄せるベース。
お金さんに対して、うらやみも見下しもせず、フラットに。
なにより日々感謝して暮らすことで、自然と感度が上がってきます。
そんな思考や習慣こそ運の巡りを良くする最善と、いまはよくわかります。

何でもない穏やかな日常のなかにこそ、開運のコツがあること。
そんな幸せのあり方を、愛情たっぷりに教えてくれた祖母は、
この本が出版される一年前の春、天に召されてゆきました。
思いがけない幸運があったとき、見えないものへそっと思いを馳せるとき
祖母のような先人たちの存在に、ふわりと守られている気がします。

さて、本書は「金運の作法から、人生の夢が叶う」といっていますが、

実際、わたし自身の人生が、まさしくそれなのです。


お金持ち家の嫁から一転、離婚後には時給８９０円のパートで働き、たいへんキビシイ経済状況も経験してきました。

傷ついていたし、とても疲れてもいました。

そんなわたしの魂を救って、人生を好転させてくれたのは、この本にある、さまざまな金運アップの方法でした。


そうして現在のわたしは？　まず、億万長者ではありません（苦笑）。

ですがいまのサロンを営み、天職といえる人を助けるこの仕事を授かって、なにより「欲しい物が、欲しいときに買える」暮らしができています。


そして、まったく想定外でしたが新しいパートナーとの出会いも！

現在の夫になりますが、彼とは出会って３ヶ月で結婚しました。

結婚する前の３ヶ月の間に、じつは３回しか会っていません。

それでもご縁がある人とは、しっかり結ばれるのですね。
昨年男児を授かり、母の喜びを得て、日々幸せに思います。

開運の扉は突然開くものです。
驚くほどのスピードの流れに運ばれるような、うまくいくときの
「運気のミラクルなサイクル」を身をもって実感しました。

だから思うのです。
自分を幸せにしてあげる開運の最強ルールは、
やるか、やらないか。喜びに向かい、一歩踏み出すか、どうか。

いつなんどき開運の扉が開こうとしても
自分にできるかしら……？
とためらって止まってしまえば、何ごともおこりません。

そのチャンスが自分の心をワクワクさせるなら
やってみたい、やるだけやってみよう！と
素直に行動する。それだけで運気の流れを引き寄せているのです。

自然と運にのりやすい体質になるために
日々運が開く暮らし方をすること、
そしてワクワクして生きることが大事になってきます。
なにかを変えるためにではなく、自分をもっと幸せに変えるために。

自分を愛おしみ、まわりの人たちと喜びをシェアして。
与えあうことで、金運も、すべての運も、うまく循環していく。
喜びを信じて進めば、幸福は広がりゆくものです。
ぜひ、新しい一歩をどんどん踏み出して、実感してください。

最後に、本書でつながってくださった読者の方々、

いつも支えてくれる家族、友人、お客さま、サロンのスタッフ、
この本の制作関係者の方々に、山盛りの感謝を込めて。

光に満ちた満月の夜に

立石 裕美（たていし ひろみ）
開運研究家

愛知県出身。大学卒業後、スポーツ用品販売会社や商社などで秘書として働く。2006年にハワイでロミロミを修得。このハワイ滞在時に、リーディング能力が目覚める。当初はその能力に戸惑い、ごく身近な人たちの相談にだけのっていたが、フラットな提言、そのクオリティの高さ、誠実な人柄により、口コミで予約が殺到。評判に後押しされ、ロミロミ＆ヒーリングで心身を癒すサロン「Luna Heart ルナハート」を開設。経営者や政治家、主婦やOLなど幅広い層から支持され、国内はもとより、海外ではタイにも顧客が多い。日本の歳時、神社仏閣、運命学、風水など独自の探求から得た開運ルール、また女性に人気が高いお財布リーディングなど、暮らし目線の地に足のついた運気アップの提言が信頼を集めている。現在は名古屋とタイ・バンコクを拠点とし、今後は各地でのセミナーも開催予定。www.lunaheart.info/

夢が叶う 金運お作法

2017年3月15日　第1版第1刷発行
2017年5月30日　第1版第2刷発行

著　者　立石裕美
発行者　玉越直人
発行所　WAVE出版
〒102-0074　東京都千代田区九段南3-9-12
TEL 03-3261-3713
FAX 03-3261-3823
振替 00100-7-366376
E-mail: info@wave-publishers.co.jp
http://www.wave-publishers.co.jp

印刷・製本　萩原印刷

NDC159 223p 19cm
ISBN978-4-86621-051-3